別人是別人，我是我，
生命最重要的，不是要超越別人，
而是要能超越自己，這才是聰明人。

只有傻瓜
才會認為自己很聰明

林郁　著

序文

人生一定要贏嗎？你是否非贏不可？

有句話說：「生命的獎賞，從來不在起點。」

二十世紀中期，有一群赫赫有名的美國大金融家聚集於紐約。

他們是——

1．最大的鋼鐵公司總經理；

2．最大的公用事業公司總經理；

3．最大的小麥商人；

4．紐約股票交易所的總經理；

5．一名總統內閣成員；

6．最大的期貨公司董事長；

7．一家大銀行的行長；

8．跨國投資公司的總裁。

當年他們手中掌握了總數超過美國國庫總額的財富，紅極一時，但二十五年之後，我們來看看他們怎麼樣了？

1．鋼鐵公司總經理公司破產，死前五年全靠舉債度日；

2．公用事業公司總經理亡命他鄉，身無分文死在異國土地上；

3．小麥商人因破產，死於國外；

4．股票交易所總經理正在某監獄服刑，已申請假釋；

5．內閣成員服刑期間獲得特赦，不久死於家裡；

6．期貨公司董事長投資失敗，死於自殺；

7．銀行行長因違法冒貸案，死於自殺；

8．跨國投資公司總裁，亦死於自殺。

可惜，這些人除了賺錢，卻沒學會賺取自己的生活。

賺錢並不是一切，關鍵是要懂得如何生活，如何讓自己平平安安、順順當當地度過每一個日子。

賺錢是為了生活，但是生活全部的意義並不在於賺錢，除了賺錢之外，還有許許多多的東西，因為鈔票並不能吃。

有些人老覺得自己活得好累、好無奈……其實事情也許沒有你想像中的糟，你不去改變思維，只會自怨自嘆，於事無補的過著日子，這是在浪費生命。別再凡事都感到很無助，而把自己放在悲傷的字典裡面。你應該勇敢地拋棄消極的思維，重塑一個正向思考的積極心態，如此雖然你不能馬上存很多錢，但你會馬上擁有一個完全不一樣的人生！

第二章　人生就是一場「勇氣」之旅／045

第三章　眼睛是思想之窗／085

第四章　什麼才是快樂的密碼？／125

第五章　無知有時是一種罪過／169

第六章　你可以選擇命運的顏色／205

第一章

學會「只要放手！」

I．把心動變成行動

下決心，還要實施決心。

否則，每個人每一天都可以下一百個決心……

宋朝著名的禪師大慧門下有一個弟子道謙。道謙參禪多年，仍無法開悟。一天晚上，道謙誠懇地向師兄宗元訴說自己不能悟道的苦惱，並請求宗元幫忙。

宗元說：「我能幫你的忙當然樂意之至，不過有三件事我無能為力，你必須自己去做！」

道謙忙問：「是哪三件？」

宗元說：「當你肚餓口渴時，我的飲食無法滿足你的需求，我不能幫你吃喝，你必須自己去填飽肚子；當你想大小便時，你也必須親自去解決，我一點也幫不上忙；最後，除了你自己之外，誰也不能馱著你的身子在路上走。」

道謙聽罷，心扉豁然洞開，快樂無比，他感到了自我的力量源源而出。

成功，首先始於自覺。當一個人失去生活的目的和意義，萬念俱灰之時，我們說「無可救藥」；當一個人動了念頭，認定了目標，哪怕上刀山下火海也不達目的不罷休時，我們說「矢志不渝」。

自己的事自己承擔。始於心動，成於行動。堅定的行動，必然源於深刻的認知與徹底的覺悟。

2．蘇秦的進擊

每個人的命運都有不公平和身處逆境的時候，這時我們應該更加冷靜分析自己的不足，既不要煩惱；也不要焦急，只要針對缺失力求充實，即可扭轉乾坤。

蘇秦自幼家境貧寒，三餐不繼，讀書自然是件很奢侈的事。為了維持生計和讀書，他不得不時常出賣自己的頭髮和幫別人做短工，後又背井離鄉到齊國拜師求學，跟鬼谷子學縱橫之術。

蘇秦自恃學業有成後，便迫不及待地告別師友，開始遊歷天下，以謀取功名利祿。但一年後不僅一無所獲，自己的盤纏也用完了。沒辦法再撐下去了，於是他穿著破衣草鞋踏上了返鄉之路。回到家時，蘇秦已骨瘦如柴，全身破爛骯髒不堪，滿臉塵土，與乞丐無異。落魄景象，溢於言表，令人同情。

妻子見他這副模樣，搖頭嘆息，繼續織布；嫂子見他這副樣子，扭頭就走，不願做飯；父母、兄弟、姊妹不但不理睬他，還暗自譏笑他說：「按我們周人的傳統，應該是安分於自己的產業，努力從事工商，以賺取十分之二的利潤；現在卻放棄這種最根本的事業，去賣弄口舌，今天落得如此下場，真是活該！」

此情此景，令蘇秦無地自容，慚愧而傷心。他關起房門，不願見人，對自己做了深刻的反省：「妻子不理丈夫，嫂子不認小叔，父母不認兒子，都是因為我自己不爭氣，學業未成而急於求成啊！」

他認識到自己的不足，又重振精神，搬出所有的書籍，發奮讀書，他想：一個讀書人，既然已經決心埋頭讀書，卻不能憑這些學問來取得尊貴的地位，那麼，書讀得再多，又有什麼用呢？

於是，他從這些書中撿出一本《陰符經》，用心鑽研。

他每天研讀至深夜，有時候不知不覺地伏在書案上就睡著了。每次醒來，都懊悔不已，痛罵自己無用，但又沒什麼辦法能讓自己不要睡著。有一天，讀著讀著實在睏倦難當，不由自主地撲倒在書案上，但他猛然驚醒——手臂被什麼東西刺了一下。一看是書案上放著一把錐子，於是他馬上想出了一個制止自己打瞌睡的方法：以錐刺股（大腿）。

以後每當要打瞌睡時，就用錐子扎自己的大腿一下，讓自己猛然「痛醒」，保持苦讀的狀態。他的大腿因此常常是鮮血淋淋，慘不忍睹。

家人見狀，於心不忍，勸他說：「你一定要成功的決心和心情可以理解，但不一定非要這樣自虐啊！」

蘇秦回答說：「不這樣，就會忘記過去的恥辱；唯有這樣，才能催我苦讀！」

經過了「血淋淋」的一年「痛」讀，蘇秦很有心得，寫出了揣摩時事的名篇。這時，他充滿自信地說：「用這套理論和方法，可以說服許多國的君主！」

於是，蘇秦開始用「錐股」所得的學識，和「錐股」的精神意志，游說六國，終獲器重，掛六國相印，聲名顯赫，開創了自己輝煌的政治生涯。

忍常人不能忍之辱，吃常人不能吃之苦，必能做出常人所不能做的事。以堅持不懈的信心和毅力，造就自己感動他人。

3・有些美好的事，其實是個錯誤

不要認為突如其來的好事，
是「天上掉下來的禮物」，
如果你接受了，就必須承担它的後果。

以下是美國新聞人沃爾特說的一段軼事——

我是在休斯頓長大的。一天，我看上了一家小店裡的一只手錶，價錢只有一美元。當時我身無分文，又沒辦法馬上把錢湊齊。就與店主商量，能否讓我先拿走這錶，以後一點點付錢。店主同意了。

第二天，店主向我母親提起此事。媽媽是絕不會允許我這麼小就賒東西。她認為我是利用了店主不了解我而對我的輕信。媽媽付了錢給他。回到家裡把我叫到跟前。

「你還不明白！」媽媽開始說。「你的想法倒是誠實的，可是你去哪兒掙得這一美元呢？錢的問題一定要清清楚楚，你卻做得太輕率了。這是一件不明不白的事。不明不白就意味著錯誤。」

媽媽把錶保存起來，等到我自己有能力掙錢時再給我。

多少年過去了，我對母親的教誨仍記憶猶新。從事新聞工作，我更是必須時刻警惕不明不白——抵制與事實相差甚遠的報導；不為嘩眾取寵的虛假情節所動。

誠實，就像其他的美德一樣，需要時時警惕來保證它的純潔。這就是我母親在教導我時要使我懂得的：在模稜兩可的事物——可能出差錯得不明不白之前，要頭腦清醒。

保證誠實和純潔，需要你保持頭腦的清醒。一個人在清醒的時候，往往是理智的，但是在情緒激動時，就很容易糊塗起來了。

4・成功者的起點

失敗並不是代表一切結束了；
失敗反而是另一個成功的起點哩！

在一次別開生面的應徵面試上，江明以其絕對優秀的實力闖過了五關，不知最後一關會是什麼？江明在揣摩著。而另一位競爭者陳華，則有兩關是勉勉強強才通過的。

此時，他們都在等待著那第六關考題的公布，這將是對於他們的一次宣判，因為兩個當中只能選一個。江明佔有了優勢，大家都向他投以讚賞的目光。

主持者在片刻的、有些令人窒息的「冷場」之後，開始宣佈——陳華先生請另謀高就。

宣佈完了之後，江明興奮地站起來，抑制不住心中的激動之情，帶頭為自己喝彩鼓起掌來。

這時，陳華不卑不亢地起身微笑著說道：「哦，正可謂人各有志不可強求，選擇人才是擇優錄取，更何況每個單位都有它用人的標準和尺度，每個人都想找到、也會找到自己適合的位置。好了，再見。」

「陳先生請留步！」主持者面帶欣喜起身走向陳華，說道：「陳先生，你被錄取了。」接著，主持者向大會鄭重宣佈：「第六道題是：成功與失敗本是兩個相互依存的概念，是相對而存在的，該是平等的，如果把任一方看得過重，這個天平就要失衡，在這個世上生存或是發展，我們不只羨慕成功者的輝煌，而更看重能鎮定自若面對失敗的人。因為，每一個成功實際上是以許多的人失敗為起點的，連在起點上都堅持不住的人，還談什麼以後的漫漫長途呢！」

全場報以熱烈的掌聲。

在分工又協力的社會中，擁有優異的專業技術還是不夠的，你還必須在團隊中擁有良好的氣度與協作精神。

5・生命的河流

生命的河流並不是一灘死水，它是日夜不息向前奔去的，在未知的旅程中，不要因為一時的停頓而隨波逐流！

有一次，佛陀行經一個森林，那一天非常熱，而且是日正當中，他覺得口渴，就告訴他的弟子阿難說道：「我們不久前曾跨過一條清澈小溪，你回去幫我取一些水來。」

阿難回頭去找那條小溪，但小溪實在太小了，有一些車子經過，溪水被弄得很污濁，水不能喝了。於是阿難回去告訴佛陀說：「那小溪的水已變得很髒而不能喝了，請您允許我繼續走，我知道有一條河就離這裡只有幾里路。」

佛陀說：「不，你再回到同一條小溪那裡。」阿難表面遵從，但內心並不服氣，他認為水那麼髒，只有浪費時間白跑一趟。他走了一半路又跑回來說：「您為什麼要堅持？」佛陀不加解釋，仍然說：「你再去。」阿難只好遵從。

當他再走到那條溪流，那些溪水就像它原來那麼清澈、純淨——污濁的泥沙已經流走了。阿難笑了，高興地提水跑了回來，拜倒在佛陀腳下說：「您給我上了偉大的一課，沒有什麼東西是永恆的；也沒有任何困難，是過不去的。」

生命的河流有時污濁，但那不是永恆的，隨著時間推移，它終將歸於清澈。因此，成功往往始於耐心，而失敗往往始於急躁。在成與敗之間，每個人都應該有一顆空著的心，成不驕，敗不餒。

6・只要放手

「只要放手！」

看似簡單，卻讓許多人執迷不悟，

甚至一輩子在此漩渦中翻滾而無法跳脫。

非洲土人抓狒狒有一絕招：故意讓躲在遠處的狒狒看見，將其愛吃的食物放進一個口小裡大的洞中。等人走遠，狒狒就活蹦亂跳地來了，牠將爪子伸進洞裡，緊緊抓住食物，但由於洞口很小，牠的爪子握成拳後就無法從洞中抽出來了，這時人只管不慌不忙地來收取獵物，根本不用擔心牠會跑掉，因為狒狒捨不得那些可口的食物，越是驚慌和急躁，就越是將食物抓得越緊，爪子就越無法從洞中抽出了。

聽說過這個故事的朋友都大呼「妙！」——此招妙就妙在人將自己的心理推及

到了類人的動物。其實，狒狒們只要放手就可以溜之大吉，可牠們偏偏不！就在這一點上，說狒狒類人，亦可說人類狒狒。狒狒的舉止大都是無意識的本能，由不得牠，而人如果像狒狒一般見利而不見害地死不放手，那也只能怪他利令智昏或執迷不悟了。

有句老話：退一步，海闊天空。失戀者只要肯對拋棄自己的戀人放手，何至於把自己弄得失魂落魄？失業者只要肯對頭腦中僵化的擇業觀放手，何至於整天委靡不振、怨天尤人？賭徒只要肯對僥倖心理放手，何至於血本無歸、傾家蕩產？癮君子只要肯對海洛因放手，何至於如行屍走肉？貪贓枉法者只要肯對一個「錢」字放手，又何至於鋃鐺入獄甚至搭上性命？……只要放手。

凡事不可執迷太深，該放手時請放手。留得青山在，不怕沒柴燒。

7．一隻山羊的選擇

就像「得蜀望隴」的成語故事，
如果過分的不知足，
就會演變為貪婪。

早晨，一隻山羊在柵欄外徘徊，想吃柵欄裡面的白菜，可是牠進不去。

這時，太陽東升斜照大地，在不經意中，山羊看見了自己的影子，牠的影子拖得很長很長。「我如此高大，一定會吃到樹上的果子，吃不吃這白菜又有什麼關係呢？」牠對自己說。

遠處，有一大片果園，園子裡的樹上結滿了五顏六色的果子。

於是，牠朝著那片園子奔去。

到達果園，已是正午，太陽當頂。當時，山羊的影子變成了很小的一團。「唉，原來我是這麼矮小，是吃不到樹上的果子的，還是回去吃白菜好了！」

於是，牠快然不悅地折身往回跑。跑到柵欄外時，太陽已經偏西，牠的影子重新又變得很長很長。

「我幹嘛非要回來呢！」山羊很是懊惱，「憑我這麼大的個子，吃樹上的果子是一點也沒有問題的！」

許多時候，人們對自己的優勢視而不見。殊不知，在輕易丟棄自己明顯的優勢、追尋另外的優勢的同時，卻發現這一優勢並不完全適合自己。

8・下一個球最好

已有的成績屬於過去，
最好的成績在以後；
也唯有如此，才會更好。

球王比利不知踢進過多少好球。他那超凡的球技不僅令千千萬萬的球迷心醉，而且也常常使場上的對手心服口服。

於是有人問比利：「你哪個球踢得最好？」

比利回答說：「下一個！」

當球王比利締造進球滿一千的紀錄後，有人問他：「你對這些球中的哪一個最滿意！」

比利意味深長地回答說：「第一千零一個！」

請記住：「下一個」是你每天都要追尋的目標。沒有「下一個」，你將會被許多人超過。在人生的道路上，有些人之所以步步向前，就在於他有「下一個」的目標存在。

9・掃地之歌

人人都把心地掃，世上無處不淨地。
快把你的心地打掃乾淨，等待一種新的境界來臨。

我說的這個故事是關於一位老和尚的，他早已離開塵世，然而在他生活過的這座小城裡，人們至今還經常談論著他的故事。

他的故事情節很簡單，就是掃地，一天到晚掃地，掃地，再掃地。

天剛矇矇亮時，他就開始在那裡掃地了。

從寺內掃到寺外，掃到大街上，掃出城門，一直掃出離城十幾里，也許幾十里以外。天天如此，月月如此，年年如此……

小城的年輕人，從小就看見這個老和尚在掃地；年輕人的父親從小也看見這個老和尚在掃地；那些做了爺爺的，從小也看見這個老和尚在掃地。

這個老和尚已經是很老很老的了，老得慈眉善目，像一尊羅漢。他好像老到一定的程度就穩定下來，不再發生變化了。像是一株古老的松柏，不見它再抽枝發條，卻也不再見它衰老。

沒有人知道這位老和尚已經活過多少歲月，但小城的人卻記得他離開塵世的日期，是這位老和尚預先告知他的弟子的。到了這一天，他果然坐在蒲團上安然圓寂了。小城的俗眾也為他的修成正果誦經念佛，香煙繚繞著萬戶千家。

又過了若干年，才有人發現了那位老和尚確切的生辰年月。此人是這小城的一位長者，在一個春暖花開的季節，他閒步郊外，走過一座小橋，見橋石上鐫刻著的文字，字跡大部磨損，仔細辨認，才知道石上鐫刻著的正是那位老和尚的傳記。

傳文說，根據老和尚遺留的度牒記載推算，他享年一百三十又七歲，自從盤古開天地，得享此高壽者未知有幾，小城人於是稱其為佛祖臨世。你還能認為這是荒誕的嗎？

據說軍閥孫傳芳部隊有一位將軍在這小城紮營時，忽然起意要放下屠刀，懇求老和尚收他為佛門弟子。將軍丟下了他的兵丁，拿著掃把，跟在老和尚的身後掃地。老和尚心中自是了然，向他唱了一首偈，偈道：

掃地掃地掃心地，
心地不掃空掃地。
人人都把心地掃，
世上無處不淨地。

不知道那位將軍以後怎樣了，這首偈，至今都還留在這小城人的心裡。

10・一技之長的好處

千萬家財纏身，不如一技之長在身。

普立茲獎得獎作品《快樂時光》的作家威廉・薩洛揚曾說過自己的故事——

我的祖母，願上天保佑，她認為人人都應勞動。剛才吃飯時她還對我說：「你得學門手藝，造些於人有用的器具、布料都可以。年紀輕輕，不應當一門好手藝都不會。你能造出什麼來？一張簡單的桌子、椅子、一個樸素的碟子、一張地毯，或者一個咖啡壺？你到底能造出些什麼來呢？」

祖母不悅地瞧著我。她繼續說：「我知道，據說你是個作家，就算是吧。但你整天抽菸，弄得整個房子煙霧彌漫。你得學習做些實實在在的東西，看得到摸得著而又實用的東西。」

接著，祖母給我講了如下的故事：

許多許多年以前，波斯國王有個兒子，他愛上了一個牧羊人的女兒。他去見他的父親，說：「父王，我愛上了一個牧羊人的女兒，我要和她結婚。」父王說：「我是國王，你是我的兒子。我死後你就是國王，你怎能娶一個牧羊人的女兒為妻？」王子答道：「我只知道我愛她，我願娶她做我的王后。」

國王感到這是天意，於是派信使去告訴那個姑娘，說國王的兒子愛她並且要娶她為妻。牧羊人的女兒對信使說：「他是做什麼的？」信使回答：「他是王子，不必做事。」姑娘說：「他要先學會做一種技藝，我才嫁給他。」信使回去把姑娘的話告訴了國王。

國王對兒子說：「那個姑娘要你先學會一門技藝。你還想娶她嗎？」王子說：「想。我來學編草墊吧。」於是，王子開始學編各式各樣不同顏色、不同裝飾的草墊。三天之後，他已經能編出非常好的草墊了。

信使帶著這些草墊去見姑娘，說：「這些墊子是王子編的。」姑娘看到墊子後，便隨信使回宮，與王子結了婚。

一天，王子在巴格達的街上散步。他經過一間看上去很是乾淨的飲食店，於是走了進去，坐到一張桌子旁邊。

誰知道，這是一間強盜和殺人犯開的店。他們把王子捉起來關進了土牢。土牢裡已經關著不少城裡的知名人士。這幫壞人把捉來的胖子殺了用來餵捉來的瘦子，並以此來娛樂。

王子很瘦，而且那些強盜們並不知道他的身分，所以王子一時還沒有生命危險。於是他對強盜們說：「我會編草墊，這些草墊可以賣大錢。」他們便給了他一些草。三天內他編了三張草墊。他對強盜們說：「拿這三張墊子去宮廷賣給國王吧，每一張墊子都值一百塊金子。」

強盜們把草墊送到宮裡，國王發現這是他失蹤了的兒子編的草墊，於是把媳婦找了來。牧羊人的女兒仔細地檢查草墊，發現在圖案裡有她丈夫編下的波斯文字，那是一封求救信。她把信的內容告訴了國王。

國王派出了許多士兵去殺掉了所有的強盜，救出了所有被俘的人。王子平安地回到他父親的宮裡，和妻子團聚。他對妻子十分感激，說：「親愛的，完全因為有了妳，我才能大難不死。」

祖母說完故事，問我道：「你明白為什麼人人都要懂一門好技藝了吧？」我告訴她，我明白了。我一等到賺夠錢能買一把鋸子、一個錘子和一塊木料時，就要盡力去做一張簡單的椅子或一個書架。

人應有一技之長，起碼應當掌握一種謀生技能，人無技能何以走遍天涯，人無技能何以在現代競爭中取勝。多一門手藝，即多一份生存的空間。

11．滿與不滿的啟示

永遠不要有「滿」的感覺，唯有「不滿」，方可不斷地進步，更趨向於滿。也就說，成功者都會告訴你一個基本道理：不滿於滿。

有一個徒弟跟隨師傅學藝多年，自覺已經把師傅的本領都學到了，就跑去見師傅，說：「我已經把您的手藝全學到了，可以出師了吧！」

師傅望著得意揚揚的弟子問道：「什麼是全部學到了呢？」

「就是滿了，裝不下去了。」

「那麼裝一大碗石子來吧！」徒弟照做了。

「滿了嗎？」師傅問。

「滿了！」

師傅抓來一把砂，滲入碗裡，沒有溢出。

「滿了嗎？」師傅再問。

「滿了！」

師傅又倒了一盅水下去，仍然沒有溢出來。

「滿了嗎？」

「……」

——父親講這故事時，是嚴肅的，年少時聽這故事除了感到抽象些外，並沒有感到這裡面包含了多少深意。當我在社會上磕磕絆絆走了幾年之後，才明白父親的故事裡，「滿與不滿」是一個人成就大事不可或缺的一關啊！

人年輕時，並不體會到有「不滿」之心對我們的好處，當想起它的好處的時候，我們韶華已逝，已經永遠沒有不滿的機會了。

有許多人取得了一點小小的收穫，就沾沾自喜起來，以為他已經成功了，這是一種認識的誤區和心理的不成熟。真正成功的要義在於：以「滿」為不滿。

12．在無止境中學習

學無止境，相信每個人都明白這個道理。
不過，更重要的是在無止境中學習。

這是美國東部一所規模很大的大學畢業考試的最後一天。在一座教學樓前的階梯上，有一群機械系大四學生擠在一起，正在討論幾分鐘後就要開始的考試。他們的臉上顯示出很有信心，這是最後一場考試，接著就是畢業典禮和找工作了。有幾個說他們已經找到工作了。其他的人則在討論他們想要找的工作。懷著對四年大學教育的肯定，他們心裡早已準備好要征服外面的世界。

即將進行的考試，他們知道只是很輕易的事情——教授說他們可以帶需要的教科書、參考書和筆記，只要求考試時不能彼此交頭接耳。

他們滿心喜悅地魚貫走進教室。

教授把考卷發下去，學生都眉開眼笑，因為看到試卷上只有五個論述題。

三個小時過去了，教授開始收考卷。學生們似乎不再有信心，他們的臉上浮現可怕的表情。沒有一個人說話。

教授手裡拿著考卷，面對著全班同學，端詳著他們擔憂的臉，問道：「有幾個人把五個問題全答完了？」

沒有人舉手。

「有幾個答完了四題？」

仍舊沒有人舉手。

「三個？兩個！」

學生們在座位上不安起來。

「那麼一個呢，一定有人做完了吧？」

全班學生仍然保持沉默。

教授放下手中的考卷說：「這正是我所預期的。我只是要加深你們的印象：即使你們已完成四年工程教育，但仍舊有許多有關工程的問題你們還不懂。這些你們不能回答的問題，在今後的日常操作卻是非常普遍的。」

教授微笑著說下去：「這個科目你們都會及格，但要記住，雖然你們是大學畢業生，但你們的教育才剛剛開始而已。」

隨著時間消逝，這位教授的名字已經變得模糊，但他的訓誡，卻讓我一輩子都難以忘懷。

「無止境」是一個漫長的過程，能考驗一個人的意志是否堅強。有堅強的意志，就可以頂住各種壓力，從而戰勝脆弱和懦弱。

第二章

人生就是
一場「勇氣」之旅

Ⅰ・知錯即改的勇氣

成熟飽滿的麥穗，
它的頭總是低垂著，
唯有未成熟的青苗，才會昂然挺立。

科金斯在擔任美國福特汽車公司總經理的特助時，屬下有一位年輕的職員任祕書。某日晚上，公司有要事須發通知給所有的經理，因為是臨時發生的急件，辦公室的全體職員也都來幫忙，科金斯要那位年輕祕書幫忙套信封，但年輕人認為做這種事有損身分，說：「我到公司來，不是做套信封的工作！」

科金斯十分惱火，但他仍若無其事地說：「好吧，這件事既然對你是一種侮辱，你可以離開這裡。」

年輕人跑了許多地方，試了不少工作，但結果還是硬著頭皮回到福特公司。他誠懇地對科金斯說：「我要向你道歉，我在外面經歷了許多，卻總是希望能再回到這裡，你還會用我嗎？」

「當然會，」科金斯答道：「因為你現在已經完全改變了。」

科金斯在追述此事時說：「他在外面兜了個大圈子，學會了尊重別人的意見，不再獨斷獨行，同時要回來道歉，也必須有十分的勇氣。現在已成為很有名氣的生意人了。」

不經一事，不長一智，年輕人不要把自己限定在某種格局，團隊的力量就是靠相互支援才產生出來的。

2・開創自己的路

時間老人對所有人最為公平，每人每天都擁有24小時，可是有些人仍在原地踏步，有些人卻已邁向前去了。

眼前，大路小徑縱橫交錯，如一張令人迷惘的網。

人人都得走過這張網。

一位智者和一位愚者，走到了這張網跟前。

智者彎下養尊處優的身子，顯出頗有教養的神情，從容不迫地理起網來。他要找出一條路，走過那張令人迷惘的網。

愚者停下腳步，四下打量權衡之後，果敢地跨出腳步，向那張網走去。他要踩著那張網，朝著自己的目標，走出自己的路。

多少時間過去了。

愚者已衣衫破爛，身上帶著血痕，那張網卻已在他的背後。由於踏出了一條新的帶血的路，那張錯綜的網更顯得錯綜。駐足回眸，他如行者從容地整理著自己的衣衫，又準備踏上新的旅程——儘管路上佈滿荊棘。

智者仍在那些網中小心翼翼地理著，在尋覓著別人走過的路。

別人走過的路會有千千萬萬，不要妄想去理清它們；多想一下自己明天的路，起來之後，推開門，朝著自己的目標，走出一條真正屬於自己的路。

3·你會死在哪裡？

在懦夫的眼裡，幹什麼事情都是危險的；

而熱愛生活的人，卻總是蔑視困難，勇往直前。

生活總是屬於熱愛它的人，而那些懦弱者只能被淘汰出局。

傑克住在英格蘭的一個小鎮上。他從未看見過海，他非常想看一看海。有一天他得到一個機會，當他來到海邊，那兒正籠罩著霧，天氣又濕又冷。

「啊，」他想：「我不喜歡海。真慶幸我不是一個水手，當一個水手實在是太危險了。」

在海岸上，他遇見一個老水手。他們交談起來。

「你怎麼會愛海呢？」傑克問：「那兒長年彌漫著霧氣，又濕又冷。」

「海不是經常都是很冷和有霧的。有時，海是明亮而美麗的。但在任何天氣下，我都愛海。」老水手說。

「當一個水手不是很危險嗎？」傑克問。

「當一個人熱愛他的工作時，他不會想到什麼危險。我們家庭的每一個人都愛海。」老水手說。

「你的父親現在在哪裡呢？」傑克問。

「他死在海裡。」

「你的祖父呢？」

「死在大西洋裡。」

「而你的哥哥？」

「當他在印度洋捕魚的時候去逝了。」

「既然如此，」傑克說：「如果我是你，我就永遠也不到海裡去。」

「你願意告訴我你父親死在哪兒嗎？」

「啊，他是在床上斷的氣。」傑克說。

「你的祖父呢？」

「也是死在床上。」

「你的祖母呢？」

「也是死在她的床上啊！」

「這樣說來，如果我是你，」老水手說：「我就永遠也不到床上去了。」

4．周武王與姜太公

凡事都會呈現一體兩面，就像電兩端的正極與負極，端看你要朝哪個方向，這樣會決定你的方向。

商紂王荒淫無道，民怨沸騰。周武王繼承其父周文王的遺志，在姜太公輔佐下，興兵討伐。出師之前，請國師占卜。誰知竟是「大凶」，再卜更凶。眾將頓時面失血色，以為此次出兵征討暴君是忤逆了天意。

關鍵時刻，姜太公挺身而出，把神案上占卜用的龜甲蓍草統統打落在地，並把龜甲踩得粉碎（這在當時是大逆不道的舉動），朗聲說道：「枯骨死草，怎能預知吉凶？我們千萬不要因為迷信這些東西，就放棄了國家的正義事業！出兵吧！」

全軍感其威望大義，整肅戎裝，浩蕩開拔。

誰知剛出國門，一陣大風，把軍旗的旗杆吹折了。預兆不祥，眾將惴惴不安，紛紛勸武王收兵。可是武王卻說，這叫「天落兵」，上天降兵（旗）助周人，大吉之光！

部隊繼續行進，沒多久，天又下起了大雨。時值嚴冬，士兵們凍得發抖。見此情景，周武王對全軍將士說：上天恩寵，賜予天霖，這是「天洗兵」。

好不容易到達指定位置，武王命國師再占。本欲卜得好卦以定軍心，結果燒烤龜甲的「神火」都被風吹滅了。武王不等屬下反應，當下就說：「這是上天的旨意，火滅表示商朝必滅，徵兆明顯，不必再卜，眾兵將拿好武器，準備戰鬥！」

為了激勵士氣，周武王在進攻前宣讀了檄文，全軍宣誓，同仇敵愾。於是，與紂王戰於牧野，終於討滅商朝，建立了周朝。

如果姜太公沒有積極的心態以及「不信邪」的精神氣質，如果周武王相信「鬼神不助、風雨折旗」的凶兆，而放棄了這次進軍的話，那麼，歷史將要改寫。

5・傻孩子挑硬幣

如果只顧及眼前，那不是智慧。
真正的智慧是經過深思熟慮所提煉出來的。

美國第九屆總統威廉・哈里遜，小時候家裡很貧窮，他在童年時代沉默寡言，人們甚至認為他是個傻孩子。

他家鄉的人還常常拿他開玩笑。比如拿一枚五分的硬幣和一枚一角的的銀幣放在他面前，然後告訴他只准拿其中的一枚。每次，哈里遜都是拿那枚五分的，而不拿一角的。

這樣往往逗樂了戲弄他的大人們。

一次，一位婦女看他這樣傻，就問他：「孩子，你難道真的不知道哪個更值錢嗎？」她指著一角錢說。

哈里遜笑著回答說：「當然知道，夫人，可要如果我拿了一枚一角的銀幣，他們就再也不會把硬幣擺在我面前，那麼，我一個禮拜就會少了好幾次可以賺五分的機會了。」

「大智若愚」一個偉大人物的心智，往往在他小的時候就展現出來了。

6・達到目的的技巧

用讚揚的方式開始，就好像牙醫用的麻醉劑一樣，病人仍然要受鑽牙之苦，但麻醉卻能消除苦痛。

高先生是卡耐基在費城授課時的一名學員。他在某次上課之前的演講會上，講述了下面這樣一則故事——

華克公司承包了一件建築工程，預定於一個特定日期之前，在費城建立一幢龐大的辦公大廈。一切都照原定計畫進行得很順利。大廈接近完工階段，突然，負責供應大廈內部裝飾用的銅件材料的承包商宣稱，他無法如期交貨。什麼？整幢大廈耽擱了！巨額罰款！重大損失！全只因為一個人。

長途電話、爭執、不愉快的會談，全都沒有效果。於是高先生奉命前往紐約到獅穴去擒他的銅獅子。

「你知道嗎？在布魯克林區，有你這個姓的，只有你一個人。」高先生走進那家公司董事長的辦公室之後，立刻就這麼說。

董事長很吃驚：「不，我並不知道。」

「哦，」高先生說：「今天早上，我下了火車之後，就查閱電話簿找你的地址，在布魯克林的電話簿上，有你這個姓的，只有你一個人。」

「我一直不知道，」董事長說。他很有興趣地查閱電話簿。「嗯，這是一個很不平常的姓，」他驕傲地說：「我這個家庭從荷蘭移居美國，幾乎有二百年了。」一連好幾分鐘，他繼續述說他的家庭及祖先。當他說完之後，高先生就恭維他擁有一家很大的工廠，高先生說他以前也拜訪過許多同一性質的工廠，但跟他這家工廠比起來就差得太多了。「我從未見過這麼乾淨整潔的工廠。」高先生如此說。

「我花了一生的心血建立這個事業，」董事長說：「我對它感到十分驕傲。你願不願意到工廠各處去參觀一下？」

在這段參觀活動中，高先生恭維他的組織制度健全，並告訴他為什麼他的工廠看起來比其他的廠更具有競爭力，以及好處在什麼地方。高先生還對一些不尋常的機器表示讚賞，這位董事長就宣稱是他自己發明的。他花了不少時間，向高先生說明那些機器如何操作，以及它們的工作效率多麼良好。他堅持請高先生吃午飯。到這時為止，你一定注意到，一句話也沒有提到高先生此次訪問的真正目的。

吃完中飯後，董事長說：「現在，我們來談談正事吧。自然，我知道你這次來的目的。我沒有想到我們的相處，竟會是如此愉快。你可以帶著我的保證回到費城去，我保證你們所有的材料都將如期運到，即使這會讓我其他的生意都會因此延誤，我也不會在乎。」

高先生甚至未曾開口要求，就得到了他想要的所有的東西。那些器材及時運到，大廈就在契約期限屆滿的那一天完工了。

7．靈機一動

當你還在考慮而沒有立刻採取行動的時候，給予機會的女神，早已經跑到你觸摸不及的地方去了，這時候就算你再如何努力也是沒有用的，只能乖乖地將命運交給上天。

機遇是獲得成功不可或缺的條件。而當機會來臨的時候，我們是否能運用自己的聰明頭腦去把握住呢？這兒有一個很好的例子——

威廉．麥克勞德現在是《紐約時報》的一位著名記者。他總是津津樂道地述說他是怎樣找到了第一份的工作。

當時，他緊張兮兮地等在辦公室門外，申請的表格已經送進去了。一會兒門開了，一個小職員走了出來：「主任要看您的名片。」

威廉從來就沒有準備過什麼名片，於是靈機一動，他拿出一副撲克牌抽出一張黑桃A說：「給他這個。」

半個小時後，威廉被錄取了——黑桃A真是一張好牌。

人們常說：「機不可失，時不再來。」講的是讓人們善於抓住機會，但更聰明的頭腦不但能識別機會，更善於創造機會。

8．哈伯博士巧募一百萬

請將不如激將，有時如果能利用對方的競爭對手作為激將的誘因，效果將會加倍相乘，這就是所謂的「棋高一籌」。

哈伯博士需要一百萬美元來興建一棟新的教學大樓。他拿了一份芝加哥百萬富翁的名單，研究著該向誰籌募這筆捐款。最後他選了其中兩位，兩位都是百萬富翁，而且彼此都是仇恨很深的敵人。

其中一位是芝加哥市區電車公司的總裁。哈伯博士選了一天的中午時分去見這位總裁。因為這個時候，辦公室的人員，尤其是這位總裁的祕書，可能都已外出用餐了。他優閒地走入總裁辦公室，總裁對他的突然出現大吃了一驚。

哈伯博士自我介紹：「我叫哈伯，是芝加哥大學的校長。請原諒我自己不請自來，但我發現外面辦公室並沒有人，於是我只好自己作主，走了進來。

「我曾多次想到你，以及你的市區電車公司。你已經建立了一套很好的電車交通系統，而且我知道你從這方面賺了很多的錢，但是，每一想到你，我總是要想到，總有一天你就要進入那個不可知的世界。在你走後，你並未在這個世界上留下任何紀念物。因為其他人將接管你的金錢，而金錢一旦易手，很快就會被忘記它原來的主人是誰了。

「我常想提供一個讓你的姓名永垂不朽的機會。我可以允許你在芝加哥大學興建一所新的大樓，以你的姓名命名。我本想早給你這個機會，但是，學校董事會的一位董事先生，希望把這份榮譽留給×先生（這位是電車公司總裁的敵人）。不過，我個人在私底下一向很欣賞你，而且我現在還是支持你，如果你能允許我這樣做，我將去說服校董事會的反對人士，讓他們也一起來支持你。

「今天我並不是來要求你做任何的決定，只不過是我剛好經過這兒，想順便來坐一下，和你見見面，談一談。你可以把這件事考慮一下，如果你希望和我再談談這件事，麻煩你有空時撥個電話給我。再見，先生。」

說完，他行個禮很瀟灑地退了出去，不給這位電車老闆任何表示意見的機會。

事實上，這位電車老闆根本沒有任何機會，都是哈伯先生在說話。這也是他事先計劃好的。他進入對方的辦公室只是為了埋下種子，他深信，只要時間來到，這種子就會發芽、成長壯大。

哈伯剛回到大學辦公室，那電車老闆就打來電話。他要求和哈伯博士訂個約會。第二天早上，電車老闆來到哈伯博士辦公室，一小時後，一張一百萬美元的支票，已經交到哈伯博士的手上了。

9・胡佛不得不開口

以自己的愚蠢來激發對方的憤怒，這招是對付嘴巴緊閉，不輕易開口的人，促使他發言的奇招，此謂「設愚激智」。

美國第三十一屆總統赫伯特・胡佛，很少在公開場合發表自己的政見，也很討厭記者無休止的糾纏。

在胡佛就任總統之前，他坐火車外出考察時，和隨行的記者同坐在一節車廂裡。有位記者想探詢胡佛的政見，他想了許多辦法，但這位未來的總統卻始終一言不發。失望、沮喪的情緒，籠罩著這位專門探聽政界要人言論的記者。

這時，奔馳的火車窗外出現了一片新開墾的土地。這位記者靈機一動，故意自言自語地說：「想不到這裡還是用鋤頭開墾土地的呢！」

「胡說！」坐在一旁緊緊閉嘴、沉默得可怕的胡佛，終於開口了，「這裡早就用現代化的方法來代替那亂墾濫伐了！」跟著便大談起墾殖的問題來。

就這樣，這位記者終於如願以償，滿載而歸了。不久，《胡佛談美國農業墾殖問題》的消息就上了報。

10・逆中求順的創意

當你發現靠每天一封情書向人求愛效果不靈時，就試試整個一星期不給她寫信。總之，一旦發現「不行」，你就得改變了。

一家菸草公司派推銷員赴美國推銷香菸。到美國後等了一個月，住旅館的費用太多不說，運來的香菸不久也會全部過期。正當推銷員急得團團轉的時候，忽然看到房間裡「禁止吸菸」的標語。於是，他靈機一動，想出了一個「逆中求順」的促銷高招。他跑到當地一家有影響的報紙登了這樣一則廣告：「禁止吸菸，就連××牌香菸也不例外。」

連登了三天，結果引起當地市民的極大興趣。吸菸者心想：連××牌也要禁止，是怎麼回事？倒要試試××牌香菸有什麼不同之處。於是，推銷員帶來的香菸很快就被搶購一空。

「窮則變，變則通。」這世界的進步，就是在不斷地變化中展現出新的面貌。人生也是一樣，如果一直努力，事情卻毫無進展，那麼你就不能再固執了。不妨試著去改變，或許你將會得到不同的體驗以及收獲。

11．卡耐基認錯

如果你錯了，就要迅速而誠懇地承認。這要比為自己爭辯有效得多。對一個聰明人來說，錯誤本身是有價值的，可以轉化成一種良好的經驗，並且靠著這種經驗邁向成功。

卡耐基常常帶著他的愛犬雷斯，到附近的森林公園去散步。

有一天，他們在公園遇見一位騎馬的警察，這位警察好像迫不及待要表現出他的權威：「你為什麼讓你的狗跑來跑去，不給牠繫上鏈子或戴上口罩，」他申斥卡耐基，「難道你不曉得這是違法的嗎？牠可能在這裡咬死松鼠或咬傷小孩。這次我不追究，但假如下回在公園裡，我看到這隻狗還沒有繫上鏈子或套上口罩的話，你就必須去跟法官解釋啦！」

卡耐基客客氣氣地答應遵辦。

卡耐基的確想照辦，可是雷斯不肯戴口罩，一天下午，雷斯和卡耐基在一座小山坡上賽跑，突然間卡耐基看到那位執法大人，跨坐在一匹紅棕色的馬上。雷斯跑在前頭，直向那位警察衝過去。糟了！這下栽了。

他知道這次逃不了了，所以不等警察開口就先發制人：「警察先生，這下你當場逮到我了。我有罪。我沒有沒有任何藉口了。你上星期警告過我，若是再帶小狗出來而不替牠戴口罩你就要罰我！很抱歉，請你給我應得的處罰吧。」

「好說，好說，」警察回答的聲調很柔和，「我曉得在沒有人的時候，誰都忍不住要帶這麼一條小狗出來溜達溜達。」

「的確是忍不住，」卡耐基回答，「但這是違法的。」

「像這樣的小狗大概不會咬傷別人吧？」警察反而為卡耐基開脫。

「不，牠可能會咬死松鼠呢！」卡耐基說。

「哦，你大概把事情看得太嚴重了，」他告訴卡耐基，「我們這樣辦吧，你只要讓牠跑過小山到我看不到的地方——事情就算了。」

12·機智的夥計

面對危險，臨危不亂，
然後，「引君入甕」置對方於絕境！

已是午夜時分，我駕著車在德克薩斯州西部行駛著，又累又乏。所以，當我一看見路邊有塊牌子上寫著「加油，用餐」時，便立刻停了車。

之後，又有兩個人下車走了進來。其中一個高個子對夥計說：「兩杯咖啡。有地圖讓我們查一查嗎？」

「我想是有的，」夥計一面應道，一面端上咖啡，然後在電話機旁的一疊紙裡找了起來。過了一會兒，他找到了，遞上去：「這地圖也許有些舊了。」

他們攤開了地圖。高個子指著奧格蘭德河，搖著頭對他的夥伴說：「沒有橋也沒有渡口，沒有路能通往墨西哥。」

那夥計聽見了，馬上說道：「我也許可以幫你們的忙。」

「怎麼走呢？」

「奧格蘭德河上哈克凱特鎮旁半年前造了一座橋。過了橋，走下去就是墨西哥了。」那夥計又在電話機旁尋了一會兒，「應該是有最新的地圖，可惜現在找不到。那上面標著這座哈克凱特橋。」

「沒關係了。有橋就行。」高個子喝完咖啡，與同伴一起走到門口。小聲嘀咕了幾句後，他們突然轉過身，從口袋裡掏出槍，嚷道：「坐好，不准亂動。」

我倆只得照辦。他們打開抽屜，拿走了所有的錢，又將電話扔到地上，拔了電線。然後飛也似的衝進車子，消失在夜幕之中。

我再看看夥計，他臉色有點蒼白，但立即修理起電話來。五分鐘後，他撥通了警方電話，告訴他們這裡發生的一切。「對，對，他們將去哈克凱特。」

我搖了搖頭，「我簡直快被他們給愚弄了。我還以為他們是生意人呢！」

「起先我也給他們騙了，但當他們在研究地圖時，我看見了高個子西裝口袋裡的手槍皮套。」夥計說。

我有些氣悶，「你既然已看出他們不是好人，那為什麼還要……？你後來實在不該告訴他們哈克凱特有橋。現在警方抓住他們的機會太小了……」

「沒有……」

「沒有機會了。」我接著說：「他們的車跑得太快了。」

那夥計哈哈大笑，說道：「我不是說沒有機會了。我是說哈克凱特根本沒有那座橋。那裡只有一條大河！」

13・卓別林宴請流浪漢

為了達成一項使命，
有時光靠想像力是不夠的，
如果來個臨場感，就有撥雲見日的效果。

卓別林早就想拍一部關於流浪漢的喜劇，然而，雖然做了許多努力，仍是不夠滿意，達不到他所要的效果。

一天，卓別林在舊金山的大街上，遇到了一位流浪漢。他靈機一動，迎上前去打了招呼，「你好，我看你一定很餓了，我也餓了。咱們一塊到飯店去大吃一頓吧！」

流浪漢十分高興，心想這一定是遇到一位樂善好施的虔誠的基督徒了。於是兩人走進了一家飯店。卓別林特意多要了一些酒。流浪漢不客氣地狼吞虎嚥大吃起來。酒足飯飽之後，兩人便乘酒興侃侃而談。

流浪漢便把自己如何漫遊、如何搭便車、如何以普通車車票搭上「高級列車」以及被列車長逮住等等趣聞，全部告訴了卓別林，同時還表演給卓別林看。卓別林認真地聽著，仔細地研究他的表情、姿勢和性格。

在吃飯的過程中，一部新的影片的大體輪廓，已經在卓別林的腦子裡構思出來了。後來，這部影片獲得了巨大成功。

14・「永不放棄！」

成功就像錐子一樣，
看準了某一點，
就要不斷地刺下去。

一九四八年，牛津大學舉辦了一個《成功祕訣》講座，邀請到了當時聲譽已登峰造極的偉人邱吉爾來演講。三個月前媒體就開始炒作，各界人士引頸等待，翹首以盼。

這天終於到來了，會場上人山人海，水泄不通。全世界各大新聞機構都到齊了。人們準備洗耳恭聽這位大政治家、外交家、文學家（邱吉爾曾以《二次大戰回憶錄》榮獲諾貝爾文學獎）的成功祕訣。

邱吉爾用手勢止住大家雷動的掌聲後，說：「我的成功祕訣有三個：第一是：絕不放棄；第二是：絕不、絕不放棄；第三是：絕不、絕不、絕不放棄！以上，我的講演結束了。」

說完就走下講台。

會場上沉寂了一分鐘後，才爆發出熱烈的掌聲，經久不息。

正如喬治．馬薩森所說：「我們獲勝不是靠輝煌的方式，而是靠不斷地努力。」——所以，只要你不輕易放棄，成功到頭來也不會背棄你。

15 · 孟母的遠見

近朱者赤，近墨者黑。

交友、環境等會影響一個人，道理就這麼簡單。

孟母三遷的千古佳話，說明人們很早就認識到了環境對人的成長很重要。孟子自幼喪父，全靠母親一個人含辛茹苦把他撫養成人。被後世稱為「亞聖」的孟子，其實小時候非常頑皮淘氣。為教育他學好，孟母花費了很多的心思。

起初，孟家住在一所公墓附近。埋葬死人的事情孟子看得很多了，便學著玩挖墳、抬棺材、埋死人一類的遊戲，有時甚至還學著送葬的人哭號。

看著兒子整天玩這種把戲，孟母感到這樣下去對兒子的成長相當不利。思來想去，孟母決定搬家，使兒子遠離這種環境，讓他的身心能夠在良好的環境中健康成

長。於是他們搬到一個新的地方去住，不料居所靠近集市，孟子成天接觸的是一些競相牟利的商人，又學著商人的樣子做起經營買賣的玩耍，並對商人賺錢的一套辦法羨慕了起來（古時候商人在社會上地位很低）。

孟母覺得這個地方對兒子的成長同樣不利，於是再一次搬家，這次他們搬到了一所學校的旁邊居住。自此，孟子才開始學習詩書禮儀，逐漸懂得禮貌且要求上進了。這下子，孟母可高興了，認為這地方對兒子的成長大有好處，於是便在這個地方長期定居下來。

後人又稱這個故事為「孟母三遷」之教。

16・經常睜開眼睛

機遇是短暫的，稍縱即逝；機遇是不可重複的，重要的是要及時發現；機遇是無形的，掌握住在手裡的，才會變成有形的資產。

美國休斯頓大學華裔科學家朱經武博士是研究超導體的主要人物。

他說：「我能有今天，一大部分要歸功於父母，他們教導我經常睜開眼睛，因為這個世界有許多機會和現象，等著我們去發掘，即令有時會失敗，仍要做到每次試驗都要有所得。這一點，我母親說得最透徹。她說要是你跌倒在地上，就想辦法先抓一把沙。她認為連最小的機會也值得掌握。」

17・心理學的妙用

心理學目前已成為人們的生存學了，幾乎在我們的生活各個領域中都能派上用場，真難想像沒有它，人們溝通會有多麼不方便。難怪有人說「心理學統治世界」！

美國喬治郡有一家高級女服飾店，有個女店員叫布拉姆頓，她是學心理學的。

有一次，布拉姆頓接待了一位年輕的顧客。那位女士對她說：「我想買一件最有刺激動的禮服，我要穿上它去甘迺迪中心，要讓每個見了我的人，連眼珠子都要掉出來。」

布拉姆頓說：「我們這兒是有件很刺激動的禮服，不過是為那些缺乏自信心的人準備的。」

「缺乏自信心的人？」

「是啊，妳不知道有些女人就是常想穿這樣的服裝，來掩蓋她們的自信心不足嗎？」布拉姆頓補充說。

那位顧客生氣了，「我可不是一個缺乏自信心的人！」

「那妳為什麼要穿上它去甘迺迪中心，讓每個人都羨慕得連眼珠子都要掉出來呢？難道妳不能不靠衣服而靠自身的美去吸引人嗎？妳很有風度，也很有內在的魅力，可妳卻要將它掩蓋起來。我當然可以賣給妳這件最時髦的禮服，使妳出盡風頭，可妳怎麼也不想想，當人們停住腳步看妳時，是為了衣服？還是因為妳自身的吸引力？」

聽到這兒，那位女顧客想了想說：「是啊，我幹嘛要花一大筆錢買人家幾句恭維話呢？真的，這些年我一直缺乏自信心，可我竟然還沒意識到這點，我應該對您表示感謝！」

表面上看來，布拉姆頓小姐有點傻，硬是將送上門的賺錢機會往外推。不過，儘管布拉姆頓小姐這樣地「不願賺錢」，可還是顧客盈門，來的大都是當年給「拒之門外」的客人，這些人都拿她當朋友看待，因此這些「回頭客」和慕名前來的顧客，真是讓她生意十分火紅。

布拉姆頓小姐打消了顧客錯誤的念頭，不僅是對商品的態度，而且是對生活的態度。在一件小事上，給人們對生活、對人生的正確啟示。

第三章

眼睛是思想之窗

I・用粉筆畫一條線值多少錢？

畫一道線是容易的，但知道在哪裡畫就不是一件簡單的事了。斯坦門茨的話，說明了專業人士之所以被稱之為專家的價值之所在。

德國科技企業管理專家斯坦門茨二十世紀初期移居美國，在一家很小的、瀕臨倒閉的小公司裡任職。斯坦門茨應用了他高超的技術和優秀的管理本領，很快地使這個小公司興旺發達了起來。

這時，美國最大的福特公司的一台電機出了故障，很多人搞了兩、三個月也修理不好，在束手無策的情況下，公司請斯坦門茨前來修理。

斯坦門茨在電機旁邊仔細地觀察、計算了兩天之後，就查出了故障的原因。他用粉筆在電機外殼畫上一條線，說：「打開電機，在記號處把裡面的線圈減少十六

圈就好。」

人們半信半疑地照他的話去做，結果，毛病確實是出在這裡。

當電機修好後，福特公司老闆問他要多少費用，他說：「一萬美元。」

老闆聽了大吃一驚，請他列個修理明細表，說明費用的出處。

只見斯坦門茨寫道：「用粉筆畫一條線——一美元，知道在哪裡畫線——九千九百九十九美元。」

公司照付了，後來並且用重金聘用了他。

2．讓人一步又何妨

退一步海闊天空，
寬容能驅散怨恨。
寬容能創造輕鬆和諧的氛圍。
人們說「以德服人」，而地位崇高卻能心平氣和地讓人，使人不得不臣服。

美國第25任總統馬京利，因為一個用人的問題，遭到一些人的強烈反對。

在一次國會會議上，有位議員當面粗野地譏罵他。他氣得鼓鼓的，但極力地忍耐，沒有發作。

等對方罵完了，他才用溫和的口吻說道：「你現在怒氣應該平和了吧，照理你是沒有權利這樣責問我的，但現在我仍然願意詳細地解釋給你聽……」

他的這種克己讓人姿態，使那位議員羞紅了臉，矛盾立即緩和下來。

試想，如果馬京利得理不讓人，利用自己的職位和得理不饒人的優勢，咄咄逼人進行反擊的話，那對方是絕不會服氣的。

由此可見，當雙方處於尖銳對抗狀態時，得理者的忍讓態度，有「釜底抽薪」之妙，能使對立的情緒「降溫」。

3．做我應該做的事

在這個刻意鑽營名利的世界裡，像這個熱愛自己工作，並渴望每天都能達成任務的人，實屬可貴。

任何人都有升遷更高地位、拿更多的待遇的欲望。

但是也有不喜歡升遷的人。

十多年前，三井商社在倫敦分行僱了一位英國人來當守衛。

這位守衛是一位做事認真、很有條理、一絲不苟的人，無論任何人都覺得，讓他當一位守衛實在太可惜了。

有一天，分行經理召見他說：「我想提升你，讓你當辦事員。薪金也可以多加一點，不知你意下如何？」

然而，這位守衛聽了卻默不做聲。

過了一會兒，出乎意料之外的回答，從他的嘴巴裡吐了出來，他說：「難道我有什麼差錯嗎？我已經幹了二十年的守衛。而且我又從沒做過一次對不起你們的事情！為什麼要把我寶貴的經驗一筆勾銷，調我去做生疏的工作呢？我認為這是一項對我的侮辱。」

4・黃金在砂礫中也會發亮

愛因斯坦說過，在天才和勤奮之間我毫不猶豫會選擇後者，它幾乎是世界上一切成就的催生者。

西班牙著名的畫家穆律羅（西元一六一八～一六八二年）經常發現他學生的油畫布上，總有未完成的素描，畫面相當協調，筆觸極富天才。然而這些草圖通常都是在深夜留下的，一時也無法判定作者為誰？

一天早晨，穆律羅的學生陸續來到畫室，聚集在一個畫架前，不由得發出驚訝的讚美聲。油畫布上呈現著一幅尚未完成的聖母瑪利亞的頭部畫像，優美的線條、清晰的輪廓，許多筆調無與倫比。穆律羅看後同樣震驚不已。

他挨個詢問學生，探查究竟誰是作者。可學生都遺憾地搖頭，穆律羅感慨地讚嘆道：「這位留畫者，總有一天會成為我們所有人的大師。」他回頭問站在身旁顫抖不停的年輕僕人：「塞伯斯蒂，晚上誰住這兒？」

「先生，除了我之外……別無他人。」

「那好，今天晚上要特別留神。假如這位神祕的造訪者大駕光臨，而你又不告訴我，明天你將受罰30鞭。」

塞伯斯蒂默默屈膝，恭順而退。

那天晚上，塞伯斯蒂在畫架前舖好床舖，酣然入睡。次日凌晨鐘鳴三響，他倏然從床鋪上蹦起來，自言自語地說：「三個小時是我的，其餘是我導師的！」他抓起畫筆在畫架前就坐，準備塗掉前夜的作品。塞伯斯蒂提筆在手，眼看畫筆即將落在畫上時卻凝然不動了。他呼喊道：「不！我不能，絕不塗掉！還是讓我畫完它吧！」

一會兒，他進入了畫畫的境界：時而點綴點色彩，時而添上一筆，然後再配上柔和的色調。三個小時不知不覺悄然而逝。一聲輕微的響聲驚動了塞伯斯蒂。他抬頭一看，老師穆律羅和學生們都靜悄悄地站在周圍！晨曦從窗戶中透進，而蠟燭仍在燃燒著。

天亮了，塞伯斯蒂依然是個奴僕。所有人的目光都投向塞伯斯蒂，流露出熱切的神情。他雙眼低垂，悲切地低下了頭。

「誰是你的導師，塞伯斯蒂？」

「是您，先生。」

「我是問你的繪畫導師？」

「是您，先生。」

「可我從未教過你。」

「是的。但您教過這些學生，我聆聽過。」

「噢，我明白了。你的作品相當出色。」

穆律羅轉身問學生們：「他該受懲罰、還是應得獎勵？」

「獎勵！先生。」學生們迅速回答。

「那麼獎勵什麼呢？」

有的提議賞給一套衣服，有的說贈送一筆錢，這些無一打動塞伯斯蒂的心弦。

有個學生說：「今日先生心情愉快，塞伯斯蒂，請求自由吧！」

塞伯斯蒂抬頭望著穆律羅的臉龐，「先生，請給我父親自由！」因為他的父親也是賣給穆家的僕人。

穆律羅聽後深為感動，深情地對塞伯斯蒂說：「你的畫筆顯露出你的非凡才能；你的請求表明你心地善良。從現在起，你不再是奴僕，我收你為我的兒子，行嗎？……我穆律羅多幸運啊，竟然造就出一位了不起的畫家！」

時至今日，在義大利收藏的名畫中，仍能看到許多穆律羅和塞伯斯蒂筆下的優美作品。真金不怕火煉，才能使善良的塞伯斯蒂成為了一名偉大的畫家，而這些也正是我們每個人成功所必備的。一個沒有才能和良知的人，充其量只能做一點蠅頭小利的事，終不能成為他們的行業中的巨匠。

5．淘金記

只有用勤勞才能採集到真正的「金子」，用你的勤勞去獲得你想要的，比幻想你想得到的更重要。

自從傳言有人在薩文河畔散步時無意發現金子後，這裡便常有來自四面八方的淘金者。他們都想成為富翁，於是尋遍了整個河床，還在河床上挖出很多大坑，希望借助它找到更多的金子。的確，有些人找到了，但另外有些人卻一無所得而只好掃興歸去。

也有不甘心落空的，便駐紮在這裡，繼續尋找。彼得．弗雷特就是其中的一員。他在河床附近買了一塊沒人要的土地，一個人默默地工作。他為了找金子，已把所有的錢都押在這塊土地上了。他埋頭苦幹了幾個月，直到土地全變成坑坑窪窪，他失望了——他翻遍了整塊土地，但連一丁點金子都沒看見。

六個月以後，他還是沒有找到金子，眼看連三餐都成問題了。於是他只好準備離開這兒到別處去發謀生。

就在他即將離去的前一個晚上，天下起了傾盆大雨，並且一下就是三天三夜。雨終於停了，彼得走出小木屋，發現眼前的土地看上去好像和以前不一樣：坑坑窪窪已被大水沖刷平整，鬆軟的土地上長出一層綠茸茸的小草。

「這裡沒找到金子，」彼得忽有所悟地說：「但這土地很肥沃，我可以用來種花，並且拿到鎮上去賣給那些富人。他們一定會買些花裝扮他們華麗的客廳。如果真的可行的話，那麼我一定會賺許多錢，有朝一日我也會成為富人……」彼得彷彿看到了將來，美美地嘖了一下嘴說：「對，不走了，我就來種花！」

於是，他留了下來。彼得花了不少精力培育花苗，不久田地裡長滿了美麗嬌艷的各色鮮花。

他拿到鎮上去賣，那些富人一個勁地稱讚：「噢，多美的花，我們從沒見過這麼美麗鮮艷的花！」他們很樂意付少量的錢來買彼得的花，以便使他們的家庭變得更富麗堂皇。

五年後，彼得終於實現了他的夢想——成了一個富翁。

「我是唯一一個找到金子的人！」他時常不無驕傲地告訴別人，「別人在這兒找到黃金之後便遠遠地離開，而我的『金子』是在這塊土地裡，努力耕作這塊地地就是無窮的寶藏。」

6・溫和帶來好運

有句老話說：「不會生氣的人是笨蛋，而避免生氣或不去生氣的人，才是聰明人。」試著用溫和的回答，來代替憤怒的行為。

羅納先生本來在維也納當了很多年的律師，但是在第二次世界大戰期間，他逃到了瑞典，變得一文不名，很需要找份工作。因為他能說會道並能寫好幾國的語言文字，所以希望能夠在一家進出口公司裡找一份祕書的工作。絕大多數的公司都回信告訴他，因為正在打仗，他們不需要這一類的人，不過他們會把他的名字存在檔案裡……等等。

但是有一家公司在寫給羅納的信上說：「你對我們公司生意的瞭解完全錯誤。你既錯又笨，我們根本不需要任何替我寫信的祕書。即使我們需要，也不會請你，因為你連瑞典文也寫不好，信裡全是錯別字。」

當羅納看到這封信的時候，簡直氣得快發瘋。於是羅納又寫了一封信，目的要想使那個人大發脾氣。但接著他就停下來對自己說：「等一等，我怎麼知道這個人說的是不是對的？我修過瑞典文，可是這並不是我家鄉的語言，也許我確實犯了很多我並不知道的錯誤。如果真是那樣的話，那麼我想要得到一份工作，就必須再努力學習。這個人可能幫了我一個大忙，雖然他本意並非如此。他用這種難聽的話來表達他的意見，並不表示我就不虧欠他，所以應該寫封信給他，在信上好好感謝他一番吧。」

於是，他重新思考一番之後，撕掉了他剛剛已經寫好的那封罵人的信。

第二天，他另外寫了一封信說：「閣下這樣不嫌麻煩地寫信給我實在是太感謝了，尤其還告知我您並不需要一個替您寫信的祕書。對於我把貴公司的業務弄錯的事，我覺得非常抱歉，我之所以寫信給閣下，是因為我向別人打聽，而別人把閣下介紹給我，說您是這一行的領導人物。我並不知道我的信上有很多語法上的錯誤，我覺得很慚愧也很難過。畢竟瑞典文不是我的母語，所以我現在打算更努力地去學習瑞典文，以改正我的錯誤，謝謝您幫助我走上改進之路。」

不到幾天，羅納又收到了那個人的信，他要羅納去見他。之後，羅納當然得到了一份工作。

凡事不要太衝動，多思考衝動的後果，不妨先等一等，再想一想，最後才採取行動！「衝動是魔鬼」這是西方智者的名言。

7・病人與強盜

人與人之間只要找到了共同點，即使的仇人也能化解敵意成為朋友。

美國著名作家歐・亨利曾寫過一個故事，描述了兩個人的幽默言行——

一天晚上，一個人正躺在床上。突然一個蒙面大漢跳進陽台，走到床邊。他手中拿著一把手槍，對床上的人厲聲說道：「舉起手！起來，把你的錢都拿出來！」躺在床上的人哭喪著臉說：「我患了十分嚴重的風濕病，尤其是手臂疼痛難忍，哪裡舉得起來啊！」那強盜聽了一愣，口氣馬上變了，「唉，老哥！我也患有風濕病。可是比你的病輕多了。你得這種病多長時間了，都吃什麼藥呢？」躺在床上的人把水楊酸納到各類激素藥全都說了一遍。強盜說：「水楊酸納不是好藥，那是醫生騙錢的藥，吃了它不見好也不見壞。」兩人於是熱烈地討論了起來，尤其對一些騙錢的藥物看法頗為一致。兩人越談越熱乎，強盜早已在不知不覺中坐在床上，並扶著病人坐了起來。

強盜突然發現自己還拿著手槍，面對手無縛雞之力的病人十分尷尬，趕緊偷偷地放進口袋之中。為了彌補自己的歉意，強盜問道：「有什麼需要幫助的嗎？」病人說：「咱們有緣分，我那邊的酒櫃裡有酒和酒杯，你拿來，慶祝一下咱倆的相識。」強盜說：「乾脆咱倆到外邊酒館喝個痛快，怎樣？」病人苦著臉說：「可是我手臂太疼了，穿不上外衣。」強盜說：「我能幫忙。」強盜替他穿戴整齊，扶著他向酒館走去。剛出門，病人忽然大叫：「噢，我忘了帶錢包了呢！」強盜說：「沒關係，我請客。」

8・「多謝了！」

每個人都有崇高的一面，當別人把你描繪成一個天使時，你還能發怒嗎？沒有尊重，人們的生活就會鬧出許多不如人意的事情來。

一位老太太在樓上晾衣服，不小心失手把衣架掉到樓下去了，結果正好砸在一位過路人的頭上。

過路人很生氣，捂著頭上被砸起的大包，拿著衣架跑上樓要與肇事者講理。他到樓上，正好撞見這位老太太。

老太太笑容可掬地說：「真是的，讓我自己下樓撿就是了，還勞您費心給送上來，真是多謝了！」

過路人聽了愣了半天，也沒想出句合適的話來回答。

9・和諧與不和諧

在不知足者的眼裡總會發現不和諧的地方；
其實真正的不和諧在於他的心與現實的不和諧。

中學時，曾看過一篇俄國作家果戈里的短篇——

「多麼和諧的一對兒！」我們剛結婚時，大家都這麼說。

「他們說得倒輕巧。」妻子衝我發牢騷，一邊對著小鏡子，「可我連照照鏡子都沒地方，難道這個裝在口袋裡的小鏡子跟我的美貌和青春和諧嗎？」

「完全不和諧。」我警覺地想著。我放棄了自己小小的一點嗜好，給她買了架大穿衣鏡。

「多美妙的東西啊！」妻子開心極了，「現在我看得見自己全身了……可也馬上就能看出來，我的裝扮上有些小配件跟這個闊綽的穿衣鏡不和諧。」

我於是不得不掙點外快，為她的裝扮做一些更新：從時髦的皮靴到皮大衣。妻子狂喜了，但是，很快她又讓我曉得，我們那間小屋子和她的時裝不和諧了。

我放棄了吸菸，變賣了自己的東西，只留下牙刷和雨傘，總算買下一處相當好的房子。妻子幸福得像是上了九重天，別浪費時間，我得去叫車。

「你怎麼了？打算把那些破爛也弄進新居裡去呀？」妻子兩手一拍，「這東西和新房子根本不和諧。家具得馬上換掉！」

我連飯也不吃了，到處借債。在做了最後一個非凡的努力之後，現在我在新宅裡，坐在新家具中間的沙發上。人已精瘦，雙眼下陷像得了重病，穿一身皺皺巴巴的衣服，口袋裡插著一把牙刷……然而，我還是高興的，因為我看得出妻子眼中閃著多麼幸福的光彩。她審視完畢，眼光落到了我身上。

「我真遺憾！」她不無同情地說：「可你跟這一套新家具多麼不和諧呀……」

10・信念的魔力

所有人都能夠消除憂慮、恐懼和很多種疾病，
只要改變自己的想法，就能改變自己的生活。
但是，有許多人總是不能主動創造人生的轉折點，
所以，不管怎樣總會出現許多人生的盲點。

一個發生在美國內戰期間最奇特的故事。這個故事足夠寫成一本書，不過讓我們長話短說。

現在信徒都知道基督教信心療法的創始人艾迪太太。可是在當時，艾迪太太認為生命中只有疾病、愁苦和不幸。她的第一任丈夫在他們婚後不久就去世了，她的第二任丈夫又拋棄了她，和一個已婚婦人私奔，後來死在一個貧民收容所裡。她只

有一個兒子，卻由於貧病交加，不得不在四歲那年就把他送人了。她不知道兒子的下落，整整三十一年都沒有再見到他。

她生命中戲劇化的轉折點，發生在麻薩諸塞州的林恩市。一個很冷的日子，她在城裡走著的時候突然滑倒了，摔倒在結冰的路面上，而且昏了過去。她的脊椎受到了傷害，使她不停地痙攣，甚至醫生也認為她活不了多久了。醫生還說即便是奇蹟出現而使她得以活下去的話，她也絕對無法再站起來行走了。

躺在一張看來像是送終的床上，艾迪太太打開她的《聖經》。她讀到馬太福音裡的句子：「有人用擔架抬著一個癱子到耶穌跟前來，耶穌就對癱子說：『孩子，放心吧，你的罪赦免了。起來，拿起你的褥子回家去吧！』那人就站了起來，回家去了。」她後來說，耶穌的這幾句話使她產生了一種力量，一種信仰，一種能夠醫治她的力量。使她──「立刻下了床，開始行走。」這就是「信念的魔力」。

「這種經驗，」艾迪太太說：「就像引發牛頓靈感的那顆蘋果一樣，使我發現自己是怎樣好起來的，以及要怎麼做才能使別人也能做到這一點。我可以很有信心地說：一切的原因就在你的思想，而一切的影響力都是信念的力量。」

11．你所看到的不一定是真實

我們經常憑著傳聞或自己「想當然爾」的猜測，去論斷他人，這之中就是缺少了更進一步，更加深入的觀察。

地點：某高等學府化學實驗室。

人物：導師和三位博士研究生。

道具：試管及人尿。

導師舉起試管（微笑）。

「諸位，試管裡裝的是尿，人尿。科學的探索需要一種勇敢無畏的精神。諸位，請先看我品嘗尿液，然後照著我去做。」

導師嘗尿。

條件反射。三位博士生已呈現出苦瓜臉。

試管在博士生手中傳遞。

品嘗。品嘗。再品嘗。

博士生表情痛苦無比。

試管終於傳回到講台。

導師舉起試管（笑容可掬）。

「諸位很勇敢，精神的確可嘉。但是我要指出的是，科學探索一要勇敢，二要反對盲從。而且，眼睛應是思想的窗戶……剛才諸位忽略了本人品嘗中的一個重要細節。本人是將中指伸入試管，而放入嘴中品嘗的卻是食指。」

眼睛是靈魂之窗，所以一定要用你的眼睛用心觀察，不要盲從。如果從那些被忽略的細節中，發現了學問，那麼，你就可能成為一個智者。請學會用眼睛思考你的周圍吧！

12．對事物的不同看法

每個人對待不同的事物有不同的看法，而不同的看法則反映不同的人生態度。每個人水平和層次之高低，往往取決於人生態度。

有兩個強盜，一次偶然經過一個絞刑架旁，其中一個說：「假如世間沒有絞刑架這一類的刑具，我們的職業真是很好的一種呀！」

另一個強盜回答說：「呸，笨蛋！絞刑架是我們的恩人。假使世間沒有了絞刑架這一類刑具，那許多人都將要做搶劫的勾當。那時，你我兩人的買賣，豈不反而做不成了嗎？」

13・一條裙子的啟示

許多東西的發明，都是從另一種東西得到啟發的，因此，人們要能培養出一種由此及彼的聯想力。

羅特是美國一家製瓶廠的工人。他有一位女友，身材健美且愛好打扮。有一天，女友穿了一套膝蓋上面部分較窄，腰部顯得很有魅力的裙子。走在路上，人們都頻頻地回頭欣賞著這條裙子。

羅特也注意起這條裙子來了，他越看越覺得線條優美。他馬上聯想到，要是製成這條裙子形狀的瓶子，也許銷路會不錯。想到這裡，他馬上轉身跑了回去，連聲「再見」也沒說。

女友感到十分奇怪，罵了聲「神經病」就獨自走了。

羅特回到住處就在圖紙上畫了起來。經過多次的試驗，這種瓶子不僅美觀、握起來也較容易，而且裡面的液體，看起來也比實際分量更多。

不久，美國可口可樂公司看中了這支瓶子，以六百萬美元的高價收買了羅特的這項專利權。

羅特在女人裙子上開發出來的點子，讓他擠進了百萬富豪的行列之中了。

14・先見之明

通過生活細節，發現問題核心，靠的是敏銳的眼光和準確的判斷。

在美國曾發生了這樣一樁事。一位大學女校長突然取出了自己多年在某銀行的所有存款。幾個月之後，這家私人銀行倒閉了。

很多人都十分納悶她為何有這種驚人的先見之明。後來女校長告訴友人說，有一次她與人打牌，這家銀行的總經理也在座。她發現這位經理服飾相當講究，甚至指甲都經過高級美容店精心修整。她當即感到，自己的存款有化為烏有的危險，因為一個事業心很強的男子，是不會花費這麼多精力和錢財來打扮自己的。

15．海明威的智慧

最厲害的智慧，就是以一種幽默的方式去解決令人困擾的事。

美國的一家大百貨店裡出售許多漂亮的領帶。在這個城市裡大家穿戴的幾乎全是從這家商店裡購買的。百貨公司的經理們很希望名作家海明威，也能成為他們的顧客。

因此，公司給海明威寄去了一條漂亮的領帶，並附上一封信：「人們非常喜歡我們的領帶。我們真希望您也成為我們的顧客，您能為這條漂亮的領帶寄給我們二美元嗎？」

對這封半是認真半是玩笑的信怎麼處理呢？

老老實實寄去二美元顯然不好，未免像是被別人牽著鼻子走，可置之不理也不妥當。海明威稍作沉思，終於想出了一個好辦法。

幾天以後，百貨公司收到了一個小郵包，裡面也有一封信：「人們非常喜歡讀我的書。我很希望您們也會成為我的讀者，並購下我新近出的一本小說，現用郵包寄上。小說定價二元八角美元，因此扣掉貴公司的領帶價格，您們還須要付我八角美元。」

這件小事充分體現了海明威的幽默與機智。百貨公司不管人家需不需要領帶就強行推銷、要人家付款，海明威以其人之道還治其人之身，強行把小說推銷給百貨公司，含蓄幽默地批評了百貨公司的做法。

16・漢斯的馬鈴薯

人類的進步，往往是在不經意中發現的。
生活的細節，就是進步的動力。

馬鈴薯是德國人喜愛的食品。在德國農村，馬鈴薯是最主要的農作物，一到收穫的季節，農民就進入最繁忙的狀態，他們不僅要把馬鈴薯從田地裡收回來，而且還要把它運送到附近的城裡去賣。原先，農民都有一個習慣，就是把收穫的馬鈴薯，按個頭分為大、中、小三類，這樣再到城裡去賣就能賣個好價錢，比混在一起賣能多賺很多錢。但是要把堆成小山一樣的馬鈴薯分撿開來，卻不是一件容易的事，要花費大量勞動力，也影響馬鈴薯及時上市。

後來人們發現了一件奇怪的事：漢斯一家從來沒有人分撿馬鈴薯，他們總是把馬鈴薯直接裝進麻袋，就運到城裡去賣了，而且價錢賣得也不錯。這到底是怎麼回事呢？

原來漢斯在往城裡送馬鈴薯時，沒讓汽車走平坦的公路，而是選擇了一條顛簸不平的山路。這樣經過十英里的顛簸，小的馬鈴薯就自然落到麻袋的最底部，大的留在了上面。賣時仍然大小分開，一樣賣得好價錢。聰明的漢斯不僅節省了勞力，還贏得了寶貴的時間，他的馬鈴薯總能比別人早一些上市，自然錢是越賺越多了。

17・要把最壞的捱過去

生命總有最壞的日子，但「最壞」畢竟不是永遠。捱過去後迎來的便是好日子。因此，「等待」一詞至為重要。沒有等待，美好的日子就不會來臨。但是，等待首先必須學會如何克制自己的心態。

梵谷在成為畫家之前，曾到過一個礦區當牧師。有一次他和工人一起下井，在升降機中，他陷入巨大的恐懼。顫微微的鐵索軋軋作響，箱板在左右搖晃，所有的人都默不做聲，聽憑這機器把他們運進一個深不見底的黑洞，這是一種進地獄的感覺。

事後，梵谷問一個神態自若的老工人說：「你們是不是習慣了，不再感到恐懼？」這位搭乘了幾十年升降機的老工人答道：「不，我們永遠不習慣，永遠感到害怕，只不過我們學會了克制。」

有些生活，你永遠也不會習慣，但只要你活著，這樣的日子你還得一天一天地過下去，所以你就得學會克制，學會忍耐。

你不習慣黑夜，但黑夜每天準時來報到，你忍耐著，天就亮了；你不習慣寒冷的冬季，但冬天的腳步卻一天天地逼近，於是你忍耐著，因為冬天來了，那春天還會遠嗎？

面對日子，如果把最壞的都捱過去，剩下的也就不會再壞了。

18．都是聰明人

切忌只站在自己的角度去理解別人，以為別人所做的一切都是可笑的。嘲笑別人的人，往往也在嘲笑自己。

嚴冬的清晨下著雨。馬路上有個僅穿著背心、短褲的長跑者，正冒著雨，在雨中慢跑。路旁車牌下，三個穿著厚重衣服的上班族，在寒風細雨中縮頸跺腳，他們小聲地議論著：「瞧這長跑的人，這樣的早晨不躺在溫暖的被窩裡享福，情願吃這份苦，真傻！」

長跑者與另一位長跑者相遇。前者說：「你剛才看到那三個等車的嗎？我幾乎天天看到他們在那裡乘車上班，其實才三站的路程，他們情願忍著寒冷等車，而不想走著或者跑著去，順便出點汗、鍛鍊一下身體，真傻！」後者頷首稱是。

19・改變

敞開心靈的柵欄，向所有的人開放，於是你獲得了整個世界。有些人總以為自己的個性不可改變，但除了保守和愚昧，剩下的還是保守和愚昧。

當我的丈夫傑瑞因腦瘤去世後，我變得異常容易發怒，生活太不公平，我憎恨孤獨。孀居了三年，我的表情老是緊繃繃地像張撲克牌的臉。

一天，我在小鎮擁擠的路上開車，忽然發現一幢我喜歡的房子，周圍豎起一道新的柵欄。那房子已有一百多年的歷史，顏色變白，有很大的霧台，過去一直隱藏在路後面。如今馬路擴展，街口豎起了紅綠燈，小鎮已頗有些城市味，只是這座漂亮房子前的大院，已被蠶食得所剩無幾了。

通往屋子的走道總是打掃得乾乾淨淨，上面綻開著鮮艷的花朵。我注意到一個繫著圍裙、身材瘦小的女人，耙著枯葉，侍弄鮮花，修剪草坪。

每次我經過那棟房子，總要看看迅速豎立起來的柵欄。一位年老的木匠還搭建了一個玫瑰花架和一個涼亭，並漆成雪白色，與房子很相稱。

一天，我在路邊停下車，長久地凝視著柵欄。木匠高超的手藝令我感動萬分。我實在不忍離去，索性熄了火，走上前去，撫摸著柵欄。它們還散發著油漆味。我看見那女人正試圖開動一台割草機。

「妳好！」我喊道，一邊揮著手。

「妳好，親愛的！」她站起身，在圍裙上擦了擦手。

「我在看妳的柵欄，真是太美了。」

她微笑道：「來露台上坐一會吧，我告訴妳柵欄的故事。」我們走上後門台階，她打開柵欄門，我不由欣喜萬分，我終於來到這美麗房子的露台，喝著冰茶，周圍是不同尋常又賞心悅目的柵欄。

「這柵欄其實不是為我設的。」那婦人直率地說道：「我獨自一人生活，可有許多人到這裡來，他們喜歡看到真正漂亮的東西，有些人見到這柵欄後便向我揮手，幾個像妳這樣的人甚至走進來，坐在這露台上跟我聊天呢。」

「可面前這條路加寬後，這兒發生了那麼多變化，妳難道不介意？」

「變化是生活中的一部分，也是鑄造個性的因素，親愛的。當妳不喜歡的事情發生後，妳面臨兩個選擇：要麼痛苦憤懣，要麼振奮前進。」

當我起身離開時，她說：「任何時候都歡迎妳來做客，請別把柵欄門關上，這樣看上去才顯得友善。」

我把門半掩住，然後啟動車子。內心深處有種新的感受，我沒法用語言表達，只是感到，在我那顆憤懣之心的四周，一道堅硬的圍牆轟然倒塌，取而代之的是整潔雪白的柵欄。我也打算把自家的柵欄門開著，對任何準備靠走近我的人表示出友善和歡迎。

第四章

什麼才是快樂的密碼？

I・無名小卒

承認自己的弱點，往往會給對方形成很高的評價。不避諱弱點，更能在對比中顯示你想要努力把自己變成一個更好的人。強者不畏懼改正弱點，怕的是看不清自己的弱點在哪？

美國國內戰爭之後，約翰・愛倫與內戰中的英雄陶克將軍競選國會議員。陶克功勳卓著，曾擔任兩、三屆國會議員。

在一次競選演講時，陶克說：「諸位同胞們，就在十七年前的這天晚上，我曾帶兵在茶座山與敵激戰，經過激烈的血戰後，我在山上的樹叢中睡了一晚，如果大家沒有忘記那次艱苦卓絕的戰鬥，請在選舉中，也不要忘記那吃盡苦頭，風餐露宿而屢建戰功的人。」陶克將軍一一列舉自己的功績，以期喚起選民們對他的充分信任，導致在競選中取得優勢。

約翰．愛倫說：「同胞們，陶克將軍說得不錯，他確實在那次戰爭中立下了奇功。我當時是他手下的一個無名小卒。替他出生入死，衝鋒陷陣，這還不算，當他在樹叢中睡覺的時候，我還得攜帶武器，站在荒野上，飽嘗了寒風冷霜的滋味，來保護他。」

論功績，愛倫當然比不過陶克將軍。如果他列舉自己在什麼時候殲滅過幾個敵人，什麼時候身上負過幾處傷，那都不能在競選中取勝。

愛倫避開陶克將軍功績所構成的論辯前鋒話題，截住了對方「後路」，只就戰後休息這一點來講。將軍雖然辛苦，畢竟還可以在樹叢中安睡，戰士則要站崗保衛他。對於這一個晚上來說，愛倫的「功績」大於將軍。因此，愛倫普遍取得了選民的同情。

另一方面，愛倫還利用選民們的同情心，承認自己的弱點，指出對方是將軍，立下了奇功，他是無名小卒，這種坦率的表白，贏得聽眾好感。在這基礎上面恰當地列出自己的長處，則給人們造成很深的印象。所以愛倫在這次競選中大獲全勝。

2・傘下人生

在生活中，人與人的孤島越來越多。這是現代城市的通病。如果我們都能走出自己孤獨的小島，去溝通、去交流，那麼我們就會多些親近和融洽。

在城市，某個雷雨之夜，我趕路回家，沒帶雨具。前面幾步遠的距離，有一位妙齡女郎持傘而行。雷雨交加，街上行人稀少。那小姐不時地回頭望著我，目光帶著疑惑，甚至還有著驚恐。很顯然地，我的存在使她有了「後顧之憂」，這雖讓人心寒，但也不能怪她。因此情此景也太像一些令人緊張的小說情節了：深夜，一個男子在雨中尾隨著一個年輕女子……

為了讓她安心，我加速走到了她的前面去，我只擔心在經過她身邊時，她別嚇得尖叫起來。我把背影留給她，這樣顯得更單純些。我哼著小調，步伐堅定從容，並竭力裝出好人的樣子——大概世界上，再沒有比好人假裝好人更加狼狽的事了。

雨勢滂沱，我早已渾身濕透。忽然發現她竟跟了上來，走在我身邊，事情發生了戲劇性的變化。她有意無意地向我靠攏，慢慢地又將傘舉到了我的頭頂。

我給了她安全感，她給了我信任和幫助，轉眼之間，我們成為一柄傘下的同路人。我接過傘來舉著，路過自己的住所也未離開。像個真正的保鏢一樣，把她護送到家門口，她要我帶走傘，我謝絕了，隨後我們像朋友似的道別。

故事本可以到此為止。然而時隔數日，我在街頭再次遇見那位小姐，互相一愣，猶豫了一瞬，又像陌生人一般擦肩而過，連招呼也未打。

這個破壞性的結果無疑令人失望。我為此假設過多種結果，反過來看看，唯有它真實得不可動搖。因它絕對符合現代城市的性格。

在日趨冷漠的城市裡，人們習慣了隔膜與生疏，每個人都是一座孤島，即便挨得很近也無法連成陸地。孤獨感使人對溝通和交流產生抗體，再沒有什麼比陌生更讓人熟悉的了。

今夜又是亂雨敲窗。不知此刻路上的行人，誰在誰的傘下？

3．快樂的密碼

對別人的信任會自然而然地會拓展你的胸襟，讓你快樂起來。同時，你也贏得了別人的信任。實際上，快不快樂的問題，都在於自己，而不在於別人。

女作家湯新燕說——

我住在姊姊家裡的時候，常常要去買菜。

一次，我去買菜，菜市場中有個中年男子和氣得讓人覺得不買他的菜，就像欠了他的情似的。他給我選了幾顆番茄，「一共四十元。」他說。我給了他一張千元大鈔。

「找不開耶！小姐。」可是我當時確實沒有零錢。「這樣吧，妳先拿去，我明天起要休息三天，等以後妳來再給我吧！」我說：「不好吧？」

他豁達一笑：「沒關係，以後妳來再給我也可以了。」

於是，我坦然地把那幾顆番茄拎回家。

三天後，我在眾多的攤販中找到了他。他一見我就笑了：「買點什麼嗎？」並不提錢的事。我選了幾條黃瓜，連那天的四十元算在一起，給了他七十元。他照樣笑了，「小姐好講信用啊！」我說：「是你先信任我的。」

彼此道了聲再見，轉身走在髒亂不堪的菜市場中，忽然間，我發現自己的心情真的很不錯。

信任別人，也值得別人信任，這就是快樂的密碼。

4・富有的人

我們每天生活在美麗的童話國度裡，但是，我們卻看不見、感覺不到。為什麼？養成一種從幸福的角度看問題的習慣，比一年賺一千萬更值錢。

以前常為很多事情而憂慮。可是，一九三四年春的某一天，我正走在韋伯鎮的街上，有一幕景象使我以後永遠不再感到憂慮。事情發生的前後只有十秒鐘，可是在那十秒鐘裡，我學到的關於如何生活的事情，比我過去十年裡所學到的還要多。

我在韋伯城開過兩年的雜貨店，我不單是賠光了所有的積蓄，而且還借了債，花了七年的時間才還清。我的雜貨店剛在前一禮拜關了門，當時我正準備到銀行去借點錢，以便到堪薩斯城去找一份差事。我像一個一敗塗地的人，那樣在路上走著，完全喪失了鬥志和信心。

突然之間，我看見迎面走來了一個沒有腿的人，他坐在一個小小的木頭平台上，下面裝著從溜冰鞋上卸下來的輪子，他兩手各抓著一片木頭，撐著讓自己滑過街來。我看到他的時候，他剛好已經過了街，正準備把自己抬高幾英寸上到人行道上來，就在他把那小小的木頭車子翹起來的時候，我們兩人的眼光遇個正著，他對我咧嘴笑了一笑。「你早啊，先生，早上天氣真好，是不是？」他很開心地說。

當我站在那裡看著他的時候，我才發現自己是多麼富有。我有兩條腿，我能走路。我對我自己的自憐感到羞恥。

我對自己說，如果他缺了兩腿還能夠這麼快活、這麼高興、這麼充滿自信，那我這個有兩條腿的人當然也可以。我覺得自己的胸膛已經挺了起來。

本來我只是想去向銀行借一千美金的，可是現在勇氣鼓勵我去向他們借了二千美金。我本來想說我打算到堪薩斯城去試試看能否找份差事的。可是現在我能夠自信地告訴他們說，我要到堪薩斯城去找一份差事。最後，我借到了那筆錢，也找到了一份工作。

5．快樂就是要去追求

其實這個世界並不會改變，會改變的是我們的心境。要活得快樂，就必須先改變自己的心境。我們應該知道這個道理：每個人在生活中都會有類似的小插曲，而這些小插曲正是我們追尋快樂的最佳妙方。

一家賣甜甜圈的商店前掛了一塊招牌，寫著：

樂觀者和悲觀者之間的差別十分微妙，
樂觀者看到的是甜甜圈，
而悲觀者看到的則是甜甜圈中間的洞。

這個簡短的幽默句子透露出了快樂的本質。事實上我們眼睛看見的，往往並非事物的全貌，我們只看自己想追求的東西。

有一天，我站在一個珠寶店的櫃檯前，把一個放著幾本書的包裹放在旁邊。後來當一個衣著講究、儀表堂堂的男人進來，也開始在櫃檯前看珠寶時，我禮貌地將我的包裹移開。但這個人卻憤怒地瞪著我，告訴我他是個正直的人，絕對無意偷我的包裹。他覺得受到侮辱，重重地將門關上，走出了珠寶店。

我十分驚訝，這樣一個無心的動作，竟會引起別人如此的震怒。後來我領悟到，這個人和我是生活在兩個完全不同的世界。其實，外在世界並沒有什麼不同，只是個人內在態度不同罷了！

過幾天的一個早晨，我一醒來便心情不佳，覺得這世界是多麼枯燥，我想到這一天又要在單調的例行工作中度過時，不禁感到憤怒、無助。當我擠在車陣中緩緩向市中心前進時，我滿臉怒氣地想：

為何有那麼多笨蛋也能拿到駕駛執照？他們開車不是太快就是太慢，根本沒資格在高峰時間開車，這些人的駕照都該被吊銷。

後來我和一輛大型卡車同時到達一個交叉路口，我心想：這傢伙認為他開的車大，一定會直衝過去。但就在這時候，卡車司機將頭伸出車窗外，向我招招手，給我一個開朗、愉快的微笑。在我將車子駛離交叉路口時，我的憤怒突然完全消失，心胸豁然開朗。

這位卡車司機的行為使我彷彿置身另一個世界。但事實上，這個世界依舊，不同的是我們的心境。

每個人在生活中都會有類似的小插曲，而去發現這些小插曲，正是我們追尋快樂的最佳妙方。

6．勇氣和徽章

當你覺得自己很不幸的時候，還能產生出向這種命運挑戰的勇氣，那你就能了解自己的真正價值。這樣一來，你就能在黑暗中看到一絲光明的希望。所以，每個人都必須要有勇氣。

強斯頓在戰爭中受了傷，他的一條腿有點殘廢，而且疤痕累累。幸運的是他仍然能夠享受他最喜歡的運動——游泳。

有個星期天，在他出院以後不久，他和他的太太在漢景頓海灘度假。做過簡單的衝浪運動以後，強斯頓先生在沙灘上享受日光浴。不久他發現大家都在注視他，從前他沒有在意過自己滿是傷痕的腿，但現在他知道這條腿太惹人注目了。

下個星期天，強斯頓太太提議再到海灘去度假。但是強斯頓卻拒絕了——說他不想去海灘而寧願留在家裡。可他太太的想法卻不一樣。「我知道你為什麼不想去海邊，強斯頓，」她說：「你開始對你腿上的疤痕產生錯覺了。」

「我相當認同我太太所說的話，」強斯頓先生說：「然後她向我說了一些我將永遠不會忘記的話，這些話使我的心裡充滿了喜悅。她說：『強斯頓，你腿上的疤痕是你的勇氣的徽章，你的光榮是贏得了這些疤痕。不要想辦法把它們隱藏起來，你要記得你是怎樣得到它們的，而且要驕傲地帶著它們，現在走吧——我們一起去游泳！』」

一句讚賞的話，可以改變一個人對自己的整個看法。你應該善於去鼓勵人，善於去讚揚人。一方面能給別人一點幫助，另一方面別人也能給你回報。

7・用愛灌溉生命

我們每個人都有很多的同情、很多的愛，比維持我們生存所需要的多得多，我們應該把它分散給別人，就能開出生命之花。

有這樣一則故事——

有一位公司經理，在一場車禍中，不幸被撞成了植物人。由於這位經理以前非常關心他的屬下，人緣相當好，所以到醫院看望他的人絡繹不絕，並都千方百計地想挽救他的生命。

醫生說，唯一的辦法是把他當成正常人，每天和他說話，才有可能喚醒他。公司職員聽到這個消息後，紛紛自發地輪流守候在病床前，千遍萬遍地呼喚著經理的名字，給他講公司裡發生的事……

慚漸地，奇蹟出現了：病人的眼球有了活力，臉上出現了表情，一年後竟能下床走動了。又過了半年，這位經理終於重新走上了工作崗位，他的公司也因為上下齊心而煥發出了蓬勃的生機。

愛能產生奇蹟，屢試不爽！

愛是人世間最強而有力的武器，它能征服一切。

8・對手

若你希望自己的人生饒富趣味，那麼你就必須製造一個競爭對象——一個能讓你勝利或失敗的對手。在兩人相互競爭的過程中，你就能成長，了解勝利的滋味，或嘗到失敗的辛酸，這才是有趣的人生。

《山上寶訓》作者福克斯博士給我講了一個故事——

有個名叫西拉斯的人，正面臨著意想不到的危機，進退維谷之間，差點砸了全家的飯碗。

此人在一個小鎮上開了間雜貨鋪。這鋪子是他爸爸傳下的。他爸爸又是從他爺爺手裡接下來的。他爺爺開這鋪子的時候，南北兩邊正在打仗。

西拉斯買賣公道，信譽很好。他的鋪子對鎮上的人來說，就像手足，不可缺少，西拉斯的兒子漸漸長大，小鋪子眼看就要有新的接班人了。

可是有一天，一個外鄉人笑嘻嘻地來拜訪西拉斯，情況似乎變得不太妙了！

此人說，他想買下這間鋪子，請西拉斯自己估價。

西拉斯怎捨得？即便出雙倍價他也不能賣！這鋪子不光只是個鋪子呀，這是事業，是遺產，是信譽！

外鄉人聳聳肩，笑嘻嘻地說：「抱歉。我已選定街對面那幢空房子，粉刷一番，打算弄得富麗堂皇，再進些上好貨品，賣價便宜。到那時，你就沒生意了！」

西拉斯眼見對面空屋貼出了新店即將開張的告示，一些木匠在裡面鋸呀刨呀，又一些油漆匠爬上爬下，他心都碎了！他無可奈何卻又不無驕傲地在自家店門上貼了張告示：「敝號係老店，九十五年前開張。」

對面也換了一張告示：「敝號係新店，下禮拜開張。」

人們對比讀了，無不癡癡地暗笑。

新店開業前一天，西拉斯坐在他那陰暗的店堂裡想著心事。他真想破口把對手臭罵一頓。

幸虧西拉斯有個好妻子，她看到了這些日子以來的情況。

「西拉斯，」她壓低聲音緩緩地說：「你巴不得把對面那房子一把火燒了是不是？」

「是啊！」西拉斯簡直氣得咬牙切齒，「燒了有什麼不好？」

「燒也沒用，人家可是有保險的呢！再說，光是這樣想也滿缺德的。」

「那照妳說我該怎麼想？」西拉斯冒著火。

「你該去祝願對方。」

「祝願天降大火將對面燒光光？」

「你總說自己是個厚道人，西拉斯，可一碰到切身事就不免糊塗了。你該怎麼做不是已經很清楚了嗎？你應該祝願新店順利開業，祝願它馬到成功。」

第二天早晨，新店還沒開門，全鎮人已等在外邊。大家看著正門上方赫然寫著「新新商行」幾個燙金大字，都想進去一睹為快。西拉斯也擠在人群裡，他快快活活地跨到台階上大聲說：「外鄉老弟，恭喜開業，祝你鴻圖大展，賺大錢！」

他剛說完便吃了一驚，因為全鎮人都圍上來朝他歡呼，還把他舉了起來。大家跟著他走進店內參觀。誰都關心標價，誰都覺得很公道。那外鄉老闆笑嘻嘻地牽著西拉斯的手，兩個生意人就像是個老朋友。

後來，兩家生意都做得很興隆。

有的人把對手當死敵，嫉妒對手的成功，結果用各種卑鄙的手段去攻擊對手。這種通病非常普遍。真正要做成大事的人，總是把對手當自己的夥伴，在競爭中提高自己的智慧和能力。

9・聰明的法官

「聰明反被聰明誤」，如果我們把聰明用在不公不義的地方，那麼這份聰明就會變成邪惡了。

英國人統治印度期間，那些在印度的英國人，十分驕橫、傲慢。

有一天，一個英國軍官騎著馬在街頭兜風。忽然，一個裝得鼓鼓囊囊的錢包從他口袋中滑了出來，掉到馬路上。過了一會兒，他發現錢包不見了，趕忙回過頭去尋找。

一位好心的印度人撿到了錢包，他正在著急地尋找失主，見那位英國軍官滿臉焦急的樣子，便問他：「先生，你在找什麼？」

英國軍官回答說：「我的錢包丟了，我正在尋找它。」

好心的印度人馬上把錢包還給了他。可是，那個英國軍官見印度人老實好欺，便想乘機敲他一筆。

他打開錢包，數了數，然後威脅印度人說：「我的錢包裡裝了七十枚金幣，現在只剩下六十枚了，你趕快把拿走的十枚交出來，要不然我就對你不客氣了。」

印度人怎麼也沒想到這個英國佬竟然恩將仇報！他想爭辯，可是英國人卻蠻不講理。最後英國軍官將他帶到了警察局。

警察記下了案情，又把他送到了法院。

法官聽了各種的陳述，再打開錢包看了看。心想：要是這個印度人貪心，就不必還給他錢包了，何必只拿十枚金幣呢？再說，這個錢包已經很滿，不要說再裝十枚，就是再裝進一枚也很困難。一定是這個英國佬仗勢欺人。想到這裡，法官開始了裁決。

法官另外拿出十枚金幣交給那位英國佬，說：「請你把這十枚金幣裝進錢包。」英國佬費了全身力氣，想把金幣塞進錢包，可卻怎麼也裝不進去。

法官見此情形，拿過錢包，交給印度人，說：「事實很清楚，這錢是你的，軍官的錢包大，能裝七十枚金幣，而這只錢包只能裝六十枚。軍官，你還是到別處找你的錢包去吧！」

英國軍官偷雞不成反蝕把米，只好自認倒楣。

這個故事是典型的「偷雞不成蝕把米」，人有時候會免不了起貪念，問題是有些人會克制它，未造成任何災難；然而有些人卻心存僥倖，所以會為自己帶來損失，金光黨就是利用人性之貪念，所以屢屢得逞，不想佔便宜的人是不會和騙子結為親家的。

10．釘子的啟示

要避免疤痕，最好的方法是先避免傷害，尤其要避免對別人心靈的傷害。

從前，有個脾氣很壞的小男孩。一天，他父親給了他一大包釘子，要求他每發一次脾氣，都必須用鐵錘在他家後院的柵欄上，釘一個釘子。第一天，小男孩共在柵欄上釘了37個釘子。

過了幾個星期，由於學會了控制自己的憤怒，小男孩每天在柵欄上釘釘子的數目逐漸減少了。他發現控制自己的脾氣比往柵欄上釘釘子容易多了……最後，小男孩變得不再愛發脾氣了。他把自己的轉變告訴了父親。他父親又建議說：「如果你能堅持一整天不發脾氣，就從柵欄上拔下一個釘子。」經過一段時間，小男孩終於把柵欄上的所有的釘子都拔掉了。

父親拉著他的手來到柵欄邊，對小男孩說：「兒子，你做得很好。但是，你看一看那些釘子在柵欄上留下那麼多小孔，柵欄再也不會是原來的樣子了。當你向別人發過脾氣之後，你的言語就像這些釘孔一樣，會在人們的心靈中留下疤痕。你這樣做就好比用刀子刺向某人的身體，然後再拔出來。無論你說多少次對不起，那傷口都會永遠存在。其實，口頭上對人們造成的傷害，與傷害人們的肉體並沒有什麼兩樣。」

11．武士的盔甲

不要用你太多的關懷和幫助來約束別人，要學會相信別人，給他一點施展才能的機會。

身披盔甲的武士途經鄉間，突然聽到女人的哭喊聲，他馬上策馬飛奔，奔向她的城堡。原來她是被一隻野獸所困住的公主。勇敢的武士拔劍刺殺野獸，救了公主。結果公主愛上了他。

城堡之門打開了，公主的家人和全鎮的人民都歡迎著他，為他慶祝。他受邀住在城中，人民視他為英雄。他和公主戀愛了。

一個月後，武士又去旅行。回來時，聽到他的愛人哭泣求救。另一隻野獸正襲擊城堡。武士抵達時，又拔劍刺殺野獸。當他衝上前時，公主從城堡裡哭喊：「別用劍，用繩子比較好。」

她丟給他繩子，又好像在示範他該如何使用。他猶豫不決地跟從她的指示，將繩子套上了野獸的脖子，然後用力一拉。野獸死了，每個人都很高興。

慶祝晚會上，武士覺得自己並沒有立下功勞。因為他用的是她的繩子，而不是自己的劍，他覺得承受不起全鎮人民的信任和讚美。他因沮喪而忘了擦亮自己的盔甲。

一個月後，他又去旅行，隨手帶著劍。公主叮嚀他多保重，並把繩子交給他。他回來時，又看到一隻野獸在攻擊城堡，他馬上拔劍往前衝，心裡卻想，也許可以用繩子。正在猶豫不決時，野獸向他吐火，燒傷他的右臂。他猶豫不決地望著窗口，公主正向他揮揮手：「繩子沒用了，用這包毒藥。」

公主把毒藥丟給他。他把毒藥倒入野獸的嘴裡，野獸立刻死掉。人人欣喜慶祝，但武士卻引以為恥。

一個月後，他又去旅行，隨身帶著他的劍。公主叮嚀他凡事小心，並要他帶上繩套和毒藥。雖然她的建議使他感到相當困擾，但還是將它們放入行李中。

在旅途的某個不知名的小鎮上，他聽到另一個女人的哭泣，他衝上去解救她時，心中的沮喪已完全消除。但在拔劍時又猶豫起來，他不知道該用劍？用繩套？還是用毒藥？公主會建議他用什麼呢？

他困惑了好一會兒，隨即他回憶尚未遇見公主前只帶了一把劍的情形。他重新建立自信，丟掉繩套和毒藥，以他自信之劍來對付野獸。最後，他殺死了野獸，鎮民們都歡欣鼓舞。

身披閃亮盔甲的武士，再也沒有回到公主身邊，他留在該小鎮過著快樂的日子。他結婚了。在結婚前他確信他的女人不知道繩套與毒藥的事。

牢記每個男人的內在都是一個身披閃亮盔甲的武士，有助於妳記得男人的基本需求。雖然男人很感激妳的關懷與幫忙，但這卻使得他的信心減少。

12・孔子是個笨蛋

幫助他人要幫得恰到好處，不明情況即出手相助，有可能反而「幫了倒忙」。

孔子東遊，見田裡放著農具，而農人已去，便拾起鋤頭，圍著一棵秧苗，費力地鏟了起來。

不一會兒，農人歸來，一見大怒，憤憤地說：「你為什麼鏟除我的秧苗？」孔子感到很奇怪，便指著秧苗說：「你看，我鏟的明明是草啊！」沒想到農人更加惱火地說：「你這笨蛋，我種的就是餵馬的草啊！」

孔子不禁目瞪口呆。

13・愚蠢比可憐好

寧可被人認為愚蠢，也不願被人認為可憐，
可見人的尊嚴在心靈中所佔的分量。

春光明媚的一個早晨，和煦的陽光灑滿大地，晴朗的天空萬里無雲。無怪乎看見一位等汽車的老人拿著一把黑傘時，安德魯斯先生會感到驚訝了。

他問老人：「你認為今天會下雨嗎？」

「不會下，」老人答道：「我想是不會的。」

「那麼，你是帶雨傘來遮太陽的嗎？」

「不是，我幹嘛要拒絕春天溫暖的陽光呢！」

「……」

安德魯斯先生迷惑不解地瞅了瞅那把傘。

老人家看了他的表情，莞爾一笑。

「我老啦，腿腳也不靈便了，」老人忙著解釋，「可我不願旁人看著我拄著枴杖，說我是可憐的老頭；於是我就以傘當枴杖，晴天也帶著它，了不起人們就只會說：『瞧，那人有多蠢！』」

14・價值標準

不要用自己的價值觀，去判斷別人的價值觀。

一次，一個人在他的地裡掘出了一個絕代佳人的大理石雕像，於是他就拿著它到一位喜歡各種藝術珍品的收藏家那裡求售。收藏家用高價買下了這尊雕像，然後他們就分手了。

在回家的路上，他拿著錢邊走邊想著，自言自語地說道：「這筆錢能使人生活得多麼美好！石雕是死的，被埋藏在地下怎麼說也應該有千年之久了，怎麼可能會有人出這麼多錢買下它呢？」

而收藏家卻在欣賞他的雕像。他一邊思索著一邊自言自語地說：「多麼美麗、多麼栩栩如生！多麼偉大的傑作——而它剛從千年酣睡中蘇醒！為何竟有人寧願不要這一切，而要既無生命、又無美感的鈔票呢？」

不同的價值標準反映出不同的行為態度，關鍵要看你生活的目的是什麼，或者說是為了什麼而存在。

15・小心奉承話

聽到別人的恭維，千萬不要就飄飄然起來，須知道，糖衣包著的可能是炮彈，是毒藥。

班傑明・富蘭克林常對人說起他童年的一件小事——

有一天清晨，我家門口來了一個男人，肩扛著一把大斧。他見到我，便和氣地說：「你好啊，小夥子，請問你家有磨刀石嗎？」

「有啊，先生。」我據實回答了他。

「你真是個好孩子，」他又說：「我可以借用你家的磨刀石磨磨斧頭嗎？」

「當然可以呀！」聽了他的客氣話，我爽快地答應了。

他摸摸我的頭，又問：「你多大了？叫什麼名字？我知道，你準是個好孩子！

你肯幫我把斧頭磨上幾分鐘嗎？」聽了他的奉承話，我高興極了，所以磨得十分賣力，手磨酸了，上學的時間也快到了，但斧頭卻才只磨好了一半。

等到斧頭終於磨好了，不料這個男人卻突然粗暴地對我說：「喂，你這個懶蟲，難道想逃學嗎？還不快跑！你手腳不能快點嗎？」當時，我真是氣忿極了，我為他幹了一早晨的苦力活，得到的報酬，卻是挨他一頓臭罵。

這件小事，我一直都未忘卻，直到現在，當我聽到別人的恭維，就會回想起當年那個扛斧頭的男人，回想起他的那番奉承話來。

16・一千元的友誼

為賺取一點小利而失去友誼，是最愚蠢的。但是有些人常常就是因為這一點小利，而把友誼當作垃圾扔掉。

週末，我到服裝街去買一件過冬的衣服。沒逛多久便看中一件碎花夾襖。詢問價格，一家要五百五十元，另一家要六百元。我一時拿不定主意，信步往下一間店鋪走去，真巧，遇上了高中的好友琴。畢業後彼此因生計所累，我們有很長一段時間疏於聯繫。我現在某機關做一名無足輕重的臨時辦事員，而琴於兩年前做起了服裝生意。

琴抱住我大呼小叫一陣，相互交換了電話號碼。琴顯得成熟且幹練，我也為久別重逢興奮不已。

琴的店裡也掛著我想要的相同款式和質地的那件夾襖，我連價格都沒問，就要琴給打了包。

「哪能賺朋友的錢，給個進價，就一千元吧！」琴淡淡地說道。

我臉上的微笑因慣性的作用一時無法收回，所以仍茫然地延續著。我艱難地從口袋裡抽出一張皺巴巴的千元鈔票，輕輕放在琴積落塵埃的櫃檯上。

我們彼此都沒按響對方的電話。那件夾襖，我一直沒敢穿，我擔心它不能抵禦這個冬天徹骨的霜寒。

17．農夫和商人

放下沉重的包袱，不為貪婪所誘惑，擇精而擔，集力而行，人生之旅前頭就是機遇，希望正在前行的過程中。

魚與熊掌不可兼得也，人們做事也是同樣道理，凡事都應量力而為，否則往往會流於吃力不討好的窘狀。

法國人從莫斯科撤走後，農夫和商人在街上尋找財物。他們發現了一大堆燒焦的羊毛，兩個人就各自分了一半捆在自己的背上。

歸途中，他們又發現了一些布匹，農夫將身上沉重的羊毛扔掉，選些自己扛得動的、較好的布匹。貪婪的商人將農夫所丟下的羊毛和剩餘的布匹，統統撿拾起來，重負讓他氣喘吁吁、緩慢前行。

走了沒多遠，他們又發現了一些銀質的餐具，農夫將布匹扔掉，撿了些較好的銀器背上，商人卻因沉重的羊毛和布匹壓得他無法彎腰而作罷。

突然天降大雨，飢寒交迫的商人身上的羊毛和布匹被雨水淋濕了，他踉蹌著摔倒在泥濘當中；而農夫卻一身輕鬆地迎著涼爽的雨回家了，他變賣了銀餐具，生活於焉富足了起來。

18・不要對他說「不行」！

信心對人的成功極為重要，懂得加強別人的信心也是在幫助別人成功。

美國洛杉磯道奇棒球隊領隊湯米・拉索達談怎樣應付狀態不好的球員，他說：「我記得有個球員來問我：『幹嘛不派我上場？』要是我對他說：『不派你上場是因為你不行。』這對他有什麼好處？所以我對他說：『小夥子，我現在派上場的是本隊最好的球員，也許明天你也是其中之一。』

你必須懂得加強人的信心。我竭力避免用不行、不會、我不知道、也許這些字眼，我要他說我行、我一定會、我一定要、我會和我知道等等。」

19・為愛而走

愛是人類最高尚的禮物。它可以永駐於人的記憶之中。

沒有愛的記憶，人生是荒涼的。

一個住在夏威夷一座偏遠小島上的男孩，仔細地聆聽老師的解釋，為什麼人們在聖誕節時要互贈禮物。

老師說：「禮物表示我們的愛意，與我們對耶穌降臨的歡喜，耶穌本身就是最大的禮物。」

聖誕節到了，男孩為老師帶來一份禮物——一顆閃閃發亮的貝殼，是海水沖上岸的貝殼中的珍品。

老師問：「你是在哪裡發現這樣一顆稀有又不尋常的貝殼？」

男孩告訴老師，據他所知，只有一個地方能找得到這種非同尋常的貝殼。二十多英里外某個隱祕的海灘上，有時會有這種貝殼被海水沖上岸。

老師說：「哦，它真是太美了。我會一輩子珍惜它的。但你不應該走那麼遠的路，去為我帶回禮物。」

男孩閃著眼睛說：「走路也是禮物的一部分呀！」

20・撿拾人生的碎片

是的，只要小心地撿拾，即便碎了的愛也能修復。關鍵是，要記住那位老人的話：要學會撿拾碎片，並將碎片拼成生活的花朵。

有一對小夫妻吵嘴了。女的一生氣，把結婚照片撕成了兩半，於是男的更生氣了，一把奪過來接著撕，哧——哧——結婚照立刻被撕成了碎片！

女的哭叫：「我要離婚！」

男的火了：「離就離！誰不離誰是龜孫子？」

有個老人聽說了這件事，極平靜地對他們倆說：「別，先別離，先回家看看，把滿地的碎片撿起來，把上面的花朵對齊了，會出現奇蹟的！」

於是女的先回家，開始小心翼翼地撿拾地上的碎片，不久男的也回來了，也開始小心翼翼地撿拾著碎片，就這麼撿著撿著，也就撿回了一串極芳香、極美麗、極溫馨的回憶！

心裡像有春風吹過，熱乎乎的：女的悄悄地哭了，男的也傻愣愣地站著，看著妻子，鼻子裡直發酸。突然，女的哇地一聲撲進男的懷裡，淚如雨下，男的也就一把摟著她，摟得很緊，一起看著那張重新拼接好的照片——照片上有花，他和她也像花，都笑得極燦爛。

那以後，燦爛簇擁著他們，他們再也沒吵過。

第五章

無知有時是一種罪過

I．紅燈——禁止通行

社會的正常運行，必須靠各種規律來加以約束，人的心也一樣，必須遵守道德的準則，才會完全得到自由。

我曾經是一個漫不經心的人，對生活的態度是「不必太認真」，凡事過得去就行，無論對人還是對己。我一直把它看成優點，認為可以免生許多閒氣——但那短短幾分鐘的經歷，竟改變了我的這個看法。

那是一九九三年的除夕夜，我在德國的明斯特參加留學生的春節晚會。晚會結束時，整個城市已經睡熟了，在這種時候，誰不想早點兒回到家呢？我和先生走得飛快，只差跑起來了。

剛走到路口，紅綠燈就變了。紅綠燈轉成了「紅燈」：燈裡那個小小的人影從綠色的、甩手邁步的形象變成了紅色的、雙臂懸垂的立正形象。

平常，我們肯定停下來等綠燈。可這會兒是深夜了，馬路上沒有一輛車，即使有車駛來，五百公尺外就能看見。我們沒有猶豫，繼續前進……

「站住！」身後飄過一個蒼老的聲音，打破了沉寂的黑暗。我的心悚然一驚，原來是一對老夫妻。

我們轉過身，歉然地望著那對老人家。

老先生說：「現在是紅燈，不能走，要等綠燈亮了才能走。」

我的臉忽地燙了起來。我喃喃地道：「對不起，我們看現在沒車……」

老先生說：「交通規則就是原則，不是看有沒有車。在任何情況下，我們都必須遵守原則。」

——從那一刻起到今天，我再沒有闖過紅燈。

我也一直記著老先生的話：「在任何情況下，都必須遵守原則。」

在以原則為準的社會裡，你看見處處是方便之門；而在一個不大重視原則的社會裡，生活卻是一件相當累人的事。

我的朋友老徐一家，在德國住了八年後舉家回國，他最感嘆的不是住房小、噪音大、空氣污染嚴重等，而是——生活中沒有原則。比如，大事像單位的工作問題，有關部門說不能解決，但上司一發話，事情就辦了；小的事情，如上公車、過馬路、在郵局寄信提醒等，明明排隊很快，可人們偏愛擠作一團。老徐嘆：只要辦事，就得出身汗，這社會讓人活得真累。

規律、準則，看似對人的約束，實際卻讓人更自由。沒有原則的社會，絕對會亂得像瘋人院，而讓人活不下去。

2・讓自己活出特色

人生不管你扮演什麼角色，只要你認真肯定自己的角色，快樂的接受它，你就可以活出自己的特色！

約翰是一家連鎖超市的售貨員，他利用自己所學的電腦知識設計了一個程式，他把自己尋找的「每日一得」都輸入電腦，再打上好多份，在每一份背面都簽上自己的名字。

第二天他給顧客打包時，就把那些寫著溫馨有趣或發人深思的「每日一得」紙條，放進買主的動物袋中。

一個月之後，連鎖店裡發生了一種奇怪的現象：

無論在什麼時間，約翰的結帳台前排隊的人總要比其他結帳台多好多倍，這種情形一直持續，甚至有增無減，值班經理很不解，就大聲對顧客說：「大家多排幾隊，請不要都擠在一個地方。」

可是沒有人聽他的話，顧客們說：「我們都排約翰的隊，因為我們想要他的『每日一得』。」

在約翰的感召下，連鎖店裡的員工們也改變了以前的工作態度，在他們的花店裡，員工工作時要是發現了一朵折壞的花或用過的花飾，他們就會到街上把它們迷給一個老太太或是小女孩戴上。一個史努比迷還買了兩萬張史努比的貼紙，貼到一個從他手中賣出的貨物上，大家都感到自己的工作有趣極了。

不久這家超市，就成了附近人們的快樂話題，它就好像人們每日生活中不可或缺的一部分。

對每個人而言，能找到一種對個人和工作都感覺良好的方法是至關重要的。而最有效的途徑是從彼此雷同的工作中獨闢蹊徑，創造出你自己的特色。

3・同樣的話，會產生不同效果

雖然是相同的一件事，可是因為對象不同，所以我們在處理事情時，必須因人而異，因人設事，才能得到圓的解決。

有人做過這樣一個試驗——

二十人圍成一個圈，隨機指定其中一人為龍頭，由他想一句話，低聲轉述給左邊一人，此人再向左傳，依次類推，等這句話再傳回龍頭耳中時，與他原先說出的那句話早已大相逕庭，不知所云了。

閒話就是這樣產生並漸被加工、失真的，二手傳播不可信的另一個原因還在於，我們無法確定當事人是怎樣說的，這一點很重要，語氣神態不同，意思也就大為不同。

比方說有這樣一句話——

「我」沒說她偷了我的錢。（可是有人這麼說）

我「沒」說她偷了我的錢。（我確實沒這麼說）

我沒「說」她偷了我的錢。（可是我是這麼暗示的）

我沒說「她」偷了我的錢。（可是有人偷了）

我沒說她「偷了」我的錢。（可是她對這錢做了某些事）

我沒說她偷了「我的」錢。（她偷了別人的錢）

我沒說她偷了我的「錢」。（她偷了別的東西）

從頭到尾一字不差的一句話，語氣、神態、聲調不同，就會有如此不同的含意。別人給你傳來的一句話，你怎麼能輕下結論呢？

4．第十塊紗布

「只要是對的，你就必須堅持。」

有時候，只一味迷信權威，反而讓真相不白了！

在一家醫院，一個年輕的實習護士第一次擔任責任護士，如果此次手術後她被外科醫生評定合格，那麼，她將獲得合格的護士證書。

複雜冗長的手術從清晨進行到黃昏，手術終於接近尾聲，主刀的外科醫生即將縫合患者的傷口，女護士突然嚴肅地盯著他說：「醫生，我們用了十塊紗布，您只取出了九塊。」

外科醫生道：「不可能，我已經都取出來了，妳不要妄加判斷。」

「不是自我判斷！」女護士堅持抗議，「我記得清清楚楚，手術中我們用了十塊紗布。」

外科醫生不耐煩地說：「我是醫生，我有權決定縫合傷口！」

女護士毫不退讓，她大聲道：「正因為您是醫生，您更不能這樣做，況且我們都要對患者負責。」

開刀房內，一時之間，氣憤僵住了。

過了一會兒，外科醫生嚴峻的臉上才泛起了欣慰的笑容。

他舉起左手心裡握著的第十塊紗布道：「妳是正確的，恭喜妳！妳是一個合格的護士了！」

自信是成功者必備的素質，它不僅僅要求掌握相當的知識，更需要有毅力和勇氣。有許多時候成功與我們失之交臂，這並不是成功不肯垂青我們，而是我們易被環境左右，慣於附和權威，缺乏主見，最終放棄了自己的正確判斷。

5・聯想力

有人說聯想力就是創造力，一個人在人生之中如果沒有發揮充分的聯想力，那麼這個人也將只是人潮之中的平凡過客。

古時候，有兩個很要好的朋友張生和李生去京城遊玩。到了京城後，張生在客店裡看書，李生便來到熙熙攘攘的大街上閒逛。忽然，他看到路邊有個老婦人在賣一隻黑色的鐵貓。

他好奇地走上前去，那老婦人說，這隻黑色的鐵貓是她們家的祖傳寶物。因為家裡兒子病重，無錢醫治，才不得已要將此物賣掉。李生隨意的用手拿起鐵貓，發現貓身很重，是用黑鐵鑄就的，然而，聰明的李生一眼便發現，那一對貓眼是用珍珠做成的，他為自己的發現狂喜不已，他問老婦人：「這隻鐵貓要賣多少錢。」

老婦人說：「因為要為兒子醫病，三兩銀子便賣。」

李生說：「那麼我就出一兩銀子買妳的兩隻貓眼吧。」

老婦人在心裡合計了一下，認為這很合理，就答應了。李生欣喜若狂地跑回旅店，笑著對正在埋頭看書的張生說：「我只花了一兩銀子，竟然買下了兩顆大珍珠，真是不可思議。」

張生發現這兩個貓眼的的確確是罕見的大珍珠，便問李生是怎麼回事。李生便把他買貓眼的事情講給他聽，聽見李生的話，張生眼睛亮了一下，急切地問那位老婦人現在在何處？

張生立即放下手中的書，跑到街上，按照李生所講的地址，找到了那位賣鐵貓的老婦人。

他說：「我要買妳這隻鐵貓。」老婦人說：「貓眼已經被別人先行買去了，如果你要買，出二兩銀子便可以了。」

張生付了銀子，把鐵貓買了回來。

李生見了之後，便嘲笑他道：「兄弟呀，你怎麼能花二兩銀子去買這個沒眼珠的鐵貓呢？」

張生卻沉默著坐下來把這隻鐵貓翻過來翻過去地看，最後，他向店家借了一把小刀，用小刀刮鐵貓的一隻腳，當黑色脫落後，露出的是黃燦燦的黃金，他高興地大叫道：「李兄你看，果然不出我所料，這貓是純金鑄的啊！」

我們可以設想，當年鑄這隻貓的主人一定是怕金身暴露，便將貓身用黑色漆了一遍，就如同一隻鐵貓一般了。此時，見此情景，李生後悔不迭。

張生笑道：「你雖然能發現貓眼是珍珠，但你卻缺乏一種想像、分析與判斷，你應該好好想一想，貓眼既然是珍珠做成的，那麼貓的全身會是不值錢的黑鐵所鑄的嗎？」

生活中的腦力激盪，不僅能刺激腦力與智能的發展，同時也會讓我們發現新的事物。

6．為什麼他會走在人前？

就如同在求學的時代「舉一反三」的人，在學習上總會有「事半功倍」的效益，在社會上也是如此，思維周詳的人，處於職場的天空也會較開闊！

愛若和布若同時受僱於一家超級市場，開始時大家都一樣，從最底層幹起。可不久，愛若受到總經理的青睞，一再被提升，從領班直到部門經理。布若卻像被遺忘了一般，還在最底層混。

終於有一天，布若忍無可忍，向總經理提出辭呈，並痛斥總經理狗眼看人低，辛勤工作的人不提拔，倒提拔那些吹牛拍馬的人。

總經理耐心地聽著，他了解這個小夥子，工作肯吃苦，但似乎缺了點什麼，但到底缺什麼呢？三言兩語說不清楚，說清楚了他也不服，看來……於是，他忽然有了個主意。

「布若先生，」總經理說：「您馬上到市集去，看看今天有什麼賣的。」

布若很快從市集上回來說：「剛才市集上只有一個農民拉了車馬鈴薯在賣。」

「一車大約有多少袋，多少斤？」總經理問。

布若又跑去，回來後說有四十袋。

「價格是多少？」布若再次跑到集上。

總經理望著跑得氣喘吁吁的布若說：「請休息一會兒吧，看看愛若是怎麼做的。」說完，馬上叫來愛若對他說：「愛若先生，您現在到市集上去，看看今天有什麼賣的。」

愛若很快從市集上回來了，彙報說到現在為止只有一個農民在賣馬鈴薯，有四十袋，價格適中，質量很好，他帶回幾個讓總經理看。這個農民一會兒還將弄幾箱番茄上市，據他看價格公道，可以進一些貨。猜想這種價格的番茄總經理大約會要，所以他不僅帶回來幾個番茄作為樣品，而且把那個農民也帶來了，他現在正在外面等回話呢！

總經理看了一眼紅了臉的布若，說：「請他進來吧！」

許多人下過棋，每走一步棋都需要考慮到之後的好幾步棋，想得越周全，看得越遠的也是棋藝越高的。做事的時候，不要只注意眼前的事物，應該多考慮一下以後的發展，學會看問題的連貫。

7・不要小看只差0.1公分

生產企業改變包裝，可以提高營收。人也一樣，改變一下行事方式，也可能足以扭轉人生的乾坤。

有一家牙膏廠，產品優良，包裝精美，受人喜愛，營業額連續十年遞增，每年的增長率在10％到20％。可到了第十一年，業績卻停滯下來了，以後兩年也是如此。公司經理召開高級會議，商討對策。

會議中，公司總裁許諾說，誰能想出解決問題的辦法，讓公司的業績增長，獎金10萬。有位年輕經理站起來，遞給總裁一張紙條，總裁看完後，馬上簽了一張10萬元的支票給了這位經理。

那條紙條上寫著：將現在牙膏開口擴大1毫米（即0.1公分）。

消費者每天早晨擠出同樣長度的牙膏，開口擴大了一毫米，每個消費者就多用1毫米寬的牙膏，每天的消費量將多出多少呀！公司立即更改包裝。到了次年，公司的營業額足足增加了32％。

一個小小的改變，往往會引起意想不到的結果。我們常常生活在一種習慣模式裡，面對生活中的變化，我們常常習慣過去的思維方法，思維模式固定不變，心路就狹窄，許多事情會想不開。其實只要你把心徑擴大一毫米，你就會看到生活中的變化都有它積極的一面，充滿了機遇和挑戰。

8．畫龍點睛的語言魅力

雖然古人告誡我們「千穿、萬穿、馬屁勿穿」，但適度的恭維他人，也是經營人際關係的重要環節，千萬不要故作清高，否則一輩子清苦也是你自己找來的。

在鎮壓太平軍的行營中，一次，曾國藩用完晚飯後與幾位幕僚閒談，評論當今英雄。他說：「彭玉麟、李鴻章都是大才，為我所不及。我可自許者，只是生平不好諛耳。」一個幕僚說：「各有所長：彭公威猛，人不敢欺，李公精敏，人不能欺。」說到這裡，他說不下去了。曾國藩問：「你們以為怎麼樣？」

眾人皆低首沉思，忽然走出一個管抄寫的後生來，插話道：「曾帥是仁德，人不忍欺。」人人聽了齊拍手。曾國藩十分得意地說：「不敢當，不敢當。」後生告退後，曾氏問：「此是何人？」幕僚告訴他：「此人是揚州人，入過學（秀才），家貧，為事還謹慎。」曾國藩聽後就說：「此人有大才，不可埋沒。」不久，曾國藩升任兩江總督，就派這位後生去揚州任鹽運使了。

只要是人，都不會討厭聽好話。有人因一句話而升遷，也有人因一句話而掉腦袋，講話要掌握好尺度。

9．此處最美！

在聖經故事中，有一個拾麥穗的故事，要拾最大的麥穗，本來已經有了，結果邊拾邊丟，到了盡頭只剩下手中一株小小的麥穗。

一個教徒違反了戒律，要受到懲罰，主教就列出了三個處罰的方式讓他自己選擇：第一是罰款一百元，第二是吊在樹上兩個時辰，第三是吃50根辣椒。

那個人想，自己平常也吃辣，還是吃辣椒划算，既不破財，也不受苦。於是他選擇了第三種。

他拿起辣椒吃起來，剛吃了幾根感覺還可以，當他吃到第10根時，他感覺到嘴裡火辣辣的痛，心裡像燒著一團火，他難受極了。

他又勉強吃了10根，但實在堅持不下去了，他流著淚說：「我再也不吃這要命的辣椒了。我寧願被吊起來。」

於是，他被一條結實的繩子吊了起來，剛開始他還覺得很輕鬆……不一會兒，他就感覺頭暈目眩，繩子勒進了肉裡，痛得他大聲叫起來，他再也不想為了一百元而受這個罪了，他高聲的叫道：「快放我下來，我要選擇第一種方式，我情願被罰一百元。」

他轉了一圈，折磨也受了，最後，依然沒有逃脫罰款的方式。如果他一開始就能想到選擇第一種方式，就不必再去嘗試另外的痛苦，也不會受兩種罪了，有句話叫「聰明反被聰明誤」，他還是乖乖地回到第一種方式來。正應了那句話：早知如此，何必當初呢？

有些人，心中總是存在僥倖的心理，不願意腳踏實地的從最適合的方式做起，卻想走歪路，到最後，經歷了一次次失敗，吃盡了一個個苦頭後，又回到了原地，才發現：還是此處最美麗啊！

10・不要貪心才能守住幸運

希臘哲學家克里歐・帕爾斯曾經告誡弟子說：「別以為運氣好就得意揚揚，也不要因為運氣不好就垂頭喪氣！」

做人切記不要太貪婪。如果一味地鑽入錢眼裡，就會一葉障目，再看不到別的東西，友誼、愛情、親情，甚至生活都會被忽略掉。

人生中錢固然重要，但也不能讓錢成為枷鎖，鎖住了自由，更不能讓錢成為墳墓埋葬了自己。

有一個窮人在田地裡鋤地，突然鋤出一條小蛇，他不願意打死牠，就對牠說：「你快逃吧，不然讓人看見了會被打死的。」小蛇迅速的跑了。

晚上，他做了一個夢，夢見一個白衣少年對他說：「我是被你放生的小蛇，為了報答你，我可以幫你實現一個願望。」

窮人說：「我能有什麼願望呢，只要能過上有衣穿，有飯吃，有房住的日子就行了。」

小蛇說：「這很簡單，我給你一個盆，在盆裡有一枚金幣，你可以去盆裡拿金幣，每次拿一個，你永遠也拿不完，但是要記住，不能太貪婪！」

窮人醒來，果然床前有一個小盆，裡面有一枚金幣，他就拿金幣，拿出一個還有一個，金幣不斷的出現，他總也拿不完。

窮人高興極了，只是他忘了小蛇的交代：不能太貪婪！

他不停的拿啊，拿啊！

金幣越來越多了，足夠他用的了，但他還不願意停下來，他餓了，就想，拿了更多的金幣，以後就可以天天吃佳餚了。他累了，就想，拿了更多的金幣，以後就可以什麼活都不用幹了。金幣已經堆了很高很高了，他依然沒有住手，他又累又餓，虛弱得快不行了。

他想，我不能停止，金幣還在源源不斷地出來啊！最後他實在堅持不住了，想扶著堆得高高的金幣站起來，沒想到，沒站穩，身子一歪，靠在金幣上，大堆的金幣嘩地一聲倒了下來，把他給砸死了。

人貴知足，知足常樂——這是千古不變的真理。貪婪的結果，只會埋下失敗的種子，輕則傷身，重則喪命。人們如果不記取這種教訓，活在這個世上亦屬枉然。

11・無知產生的罪過

貧窮會產生不幸，無知也會變成不可饒恕的罪惡！

有一位老翁將他白手起家的故事講給兒子聽，從未走出家門的兒子被老父的艱苦創業感動了，決定遠離溫馨之家，尋找寶物。於是，他特製一艘堅固的大船，在親友的歡送中駛向了大海。

他駕船和險風惡浪搏鬥，穿越無數島嶼，最後在熱帶雨林中找到一種高十餘公尺的樹木，這種樹整個雨林也只有一、兩棵。如果砍下一年後讓外皮朽爛，留下木心沉黑的部分，一種無比的香氣便散放開來；若放在水中則不像別的樹木一樣漂浮，反而會沉入水底。青年為此而興奮。

青年將香味無比的樹木運到市場去賣，怎麼也不見有人來問津，這使他十分煩惱。而他身旁有人賣木炭，買者很多。青年終於動搖了信心：「既然木炭這麼好賣，為什麼我不把樹木變成木炭來賣呢？」

後來，他就把樹木燒成木炭，挑到市場，很快就賣光了。青年為自己改變了心意而自豪，得意地回家告訴他的老父。

不料，老翁聽了，淚水刷刷地落下來。

原來，青年燒成木炭的樹木是世上最珍貴的樹木——沉香。

老翁說：只要切下一塊磨成粉屑，價值也要超過一年的木炭啊……

人們往往只為了圖一時之利，卻丟失了真正有價值的東西。我們不是也常犯這種錯誤嗎？所以，為人處世一定要好好把握自己的價值觀。

12・總統的母親

善意的謊言似乎是我們生活中所不可或缺的，但是千萬不要去揭穿它，否則很可能會變成一種傷害。

莉蓮・卡特是美國前總統吉米・卡特的母親。

有一天，一個記者來到她的家中對她說：「您的兒子到全國各地去演講，並告訴人們如果他曾經對他們撒過謊，就不要選他。您能不能誠實地告訴我，您的兒子是從來也沒撒過謊的嗎？因為再沒有人比您更了解您的兒子了。」

莉蓮・卡特說：「可能也說過一些善意的謊言吧！」

「那麼，善意的謊言和其他的謊言又有什麼區別呢？」記者接著問：「您能不能下個定義？」

「我不知道能不能下這個定義？」

卡特的母親說：

「但我可以給你舉個例子。你還記得幾分鐘前你進來的時候，我對你說，你看起來充滿幹勁，我是多麼高興見到你嗎……」

13・人類與猴子

在主觀與客觀的立場上，明明看的是同一件事，卻會產生相當程度的分歧，因此與人發生爭執時，何妨先以他人的立場來審視自己。

動物園裡，有個大人指著籠子裡的猴子對一個小孩說：「你知道這種動物叫什麼名字嗎？」

「不知道。」小孩看看上躥下跳的猴子回答。

「記住，孩子，」大人說：「這種動物叫猴，是專門供咱們人類開心的。」

「為什麼呢？」小孩問。

「不信你瞧！」

大人說著，從手袋中摸出一顆花生，朝籠子裡的大猴背後扔去，只見大猴急轉身，略一遲疑，卻用嘴接住，然後再用爪子從嘴裡取出來，剝開吃掉，顯得很滑稽。小孩笑起來，說真有意思。

大人也被大猴的舉動逗得很開心，便來了興致，又將另一顆花生扔進去，還是扔向大猴身後的地方，大猴故技重演，轉身，跳起來用嘴接住，用爪子取出剝開，放進嘴裡。

大人受了鼓舞，便不斷地扔，大猴便不斷地這樣接，接住吃掉，或給身邊的小猴。直到一大包花生全部扔完了，大人和小孩才戀戀不捨地離開。

路上，小孩問大人：「您為什麼將花生扔到大猴的背後呢？」

大人得意地笑了，說：「猴子翻來覆去地來回折騰才有意思啊！」

小孩信服地說：「爸爸您真行！」

大人又說：「猴子這種動物自以為挺聰明，其實被咱們耍了，牠還不知道呢，真可悲！」

另外，動物園裡，有隻大猴指著籠子外的人，對一隻小猴子說：「你知道這種動物叫什麼名字嗎？」

「不知道。」小猴望著指手畫腳的人回答。

「記住，孩子，」大猴說：「這種動物叫人，是專門供咱們猴子開心的。」

「為什麼呢？」小猴問。

「不信你等著瞧。」

這時，適逢有個大人往籠子裡扔花生，扔向大猴背後，大猴急轉身，略一思忖，用嘴去接住，然後再用爪子從嘴裡取出，剝開吃掉，顯得很滑稽。終於，那大人的一大包花生全部扔給了猴子。

他們走後，小猴問大猴：「您為什麼用嘴去接扔進來的花生？」

大猴得意地笑了，說：「如果我用爪子去接，他們還會繼續扔嗎？」

小猴信服地說：「媽媽您真行。」

大猴又說：「人這種動物自以為挺聰明，其實被咱們耍了，他們還不知道呢，真可悲！」

自以為聰明的人，自以為玩弄了別人，其實自己也在被人玩弄。

14・不要忘了提醒自己

沒有必要的憂慮是愚蠢的，也是毫無意義的，不如把目光放到現實生活中來，否則只會徒費光陰，徒增煩惱。

曾聽過一個故事——

一個老太太坐在馬路邊望著不遠處的一堵破舊的高牆，總覺得它好像馬上就會倒塌，很危險。

於是見有人向那裡走過去，她就善意地提醒：「那堵牆要倒了，遠著點走吧！」被提醒的人不解地看著她，大模大樣地順著牆跟走過去了——那牆卻沒有倒。老太太很生氣：「怎麼不聽我的話呢！」又有人走來，老太太又予以勸告。三天過去了，許多人從牆邊走過去，全都沒有遇上危險。

第四天，老太太感到有些奇怪，又有些失望：「它怎麼就不倒呢？眼看著要倒啊！」她不由自主地走到牆跟下仔細觀看，然而就在此時，牆終於倒了，老太太被掩埋在灰塵磚石中，氣絕身亡。

提醒別人時往往很容易，很清醒；而能做到隨時隨地提醒自己卻很難。所以說，許多危險大都來至於自身，英國有句諺語：「好奇害死貓」。

15・薔薇的創意

聽說人類的大腦，

普通人窮其一生才使用5％，

即便是天才也只是使用了20～30％左右。

因此，創意思考的訓練，實在是刻不容緩的教育重點。

老師在上課，津津有味地講著——薔薇。

講完之後，老師問學生：「你印象最深刻的是什麼？」

第一個回答：「是可怕的刺！」

第二個回答：「是美麗的花！」

第三個回答：「我想，我們應該培育出一種不帶刺的薔薇。」

多年以後，前兩個學生在事業上都無所作為，唯有第三個學生以其突出的研究，取得了輝煌成就，而聞名遐邇。

同是薔薇，不同的人有不同的感受；同是老師的學生，卻有不同的成就。這不僅僅是人與人的差別，也是不同的創意思考所產生的差距。

第六章

你可以選擇命運的顏色

I．禪師的啟示

法國文豪雨果曾說：「激烈的言詞，只是說明了理由的薄弱。」因此，動不動就疾言厲色而生氣的人，是否應先捫心自問：「我有足夠的生氣理由嗎？」

古時有一個婦人，特別喜歡為一些瑣碎的小事生氣。她也知道自己這樣不好，便去求一位高僧為自己談禪說道，開闊心胸。

高僧聽了她的講述，一言不發地把她領到一間禪房中，落鎖而去。

婦人氣得跳腳大罵。罵了許久，高僧也不理會。婦人又開始哀求，高僧仍置若罔聞。婦人終於沉默了。

高僧來到門外，問她：「妳還生氣嗎？」

婦人說：「我只為我自己生氣，我怎麼會到這地方來受這份罪。」

「連自己都不原諒的人怎麼能心如止水？」高僧拂袖而去。

過了一會兒，高僧又問她：「還生氣嗎？」

「不生氣了。」婦人說。

「為什麼？」

「氣也沒有辦法呀！」

「妳的氣並未消逝，還壓在心裡，爆發後將會更加劇烈。」高僧說完之後，又離開了。

高僧第三次來到門前，婦人告訴他：「我不生氣了，因為不值得氣。」

「還知道值不值得，可見心中還有衡量，還是有氣根。」高僧笑道。

當高僧的身影迎著夕陽立在門外時，婦人問高僧：「大師，什麼是氣？」

高僧將手中的茶水傾灑於地。婦人視之良久，頓悟。叩謝而去。

生氣是用別人的過錯來懲罰自己的蠢行。夕陽如金，皎月如銀，人生的幸福和快樂尚且享受不盡，哪裡還有時間去氣呢？

2・白朗小姐診所

與邪惡對抗需要正氣，
面對突如其來的災難則需要勇氣。
人生不能因為太懦弱，
而喪失了出人頭地的機會。

本來是內科醫生的白朗小姐突然辦起了心理診所。

據白朗小姐說，她辦心理診所，完全是為診治那些精神恍惚、情緒極不穩定，夜晚根本就不敢出門的病人。

白朗小姐心理診所開業的第二天，就有一位病人找上門來。病人神志恍惚，見白朗小姐桌上的刀片，就聲嘶力竭地哭嚎求饒。

經過了一番詢問之後，白朗小姐才了解到病人是三天前下夜班途經一處小樹林時，被一蒙面人驚嚇所致。蒙面人用匕首在她眼前晃了幾晃，惡聲惡氣地說：「膽敢去報案，就讓妳嘗嘗這個東西的滋味。」

白朗小姐問清了病因，衝著病人莞爾一笑，隨即從抽屜裡取出一枝淡綠色的鋼筆交給病人，告訴病人這是她新近研製的產品，見了壞人，只須稍稍擰動筆帽，就會有一種淡紫色的霧氣噴向對方，對方觸及這種霧氣，即刻失去知覺。病人收下後欣然離去。

過了幾天，病人下夜班途經小樹林，一蒙面人竄至面前，晃著匕首，恐嚇病人，病人暗忖有淡綠色鋼筆在，怕他幹甚，病人由衣兜裡摸出那枝淡綠色鋼筆大喝一聲，衝蒙面人迎過去，震聾發聵的聲響在寂靜的夜裡傳去很遠很遠……蒙面人拔腿跑了。

之後，病人的恐懼消失了，病也就好了。

病人到白朗小姐的心理診所感謝白朗小姐，呈上白朗小姐給的那枝淡綠色鋼筆，問：「白醫生，能不能告訴我裡面是何新藥？」白朗小姐接過那枝淡綠色鋼筆，擰去筆帽，由內裡取出一張紙條，遞給病人。

病人接過展開，上面寫著：「勇氣！」

當我們面對罪惡時，是消極躲避、還是積極應戰？只要你心中有勇氣，任何邪惡都會不戰而退。因為——勇氣本身就是力量。

這則故事告訴我們，面對挑戰應該勇敢的迎上前去，退縮反而會帶來更大的挫敗。對於無法避免的災難，逃避是躲不過的，勇敢面對反而是掙脫樊籠的唯一選擇。

3・永遠活在人們的心中

每個人的生命，都無法逃過人生的大限，但儘管有人已經離開人世許多年了，他卻仍十分鮮明地活在人們的懷念之中。

兒子勒克小時候總喜歡坐在我膝上看電視。三歲的孩子已能夠清楚地判斷真實與虛幻的人和事。他知道車禍、火災、太空人是屬於現實生活中的，而蝙蝠俠、超人、星球大戰則屬於虛幻世界。唯獨恐龍，他似乎永遠分不清牠到底屬於哪個時空。

他無法理解這個曾經在地球上生存，而今卻滅絕得不見蹤影的龐然大物。我越是對他解釋，就越是平添他的困惑與憤怒，按他的邏輯：凡是現在看不到的東西就意味著它從未存在過。

一天，電視中正在播放緬懷美國前總統約翰．甘迺迪生平的紀錄片。

當年輕的總統駕駛帆船的畫面出現在螢幕上時，勒克抬起了頭來問我：「媽媽，那個人是誰？」

「約翰．甘迺迪，以前的美國總統。」

「現在他在哪兒？」

「他死了。」

「他沒死！他不是還在比賽帆船嗎？」

兒子目不轉睛地直視著我的眼睛，好像要看出我是否在戲弄他，「他真的死了？他的一切都死了嗎？」

「是的。」

「他的腳死了嗎？」

他一臉嚴肅的表情，使我忍不住大笑起來。

「甘迺迪事件」後，勒克把生死問題視為頭等大事，他的小腦袋似乎深深地陷入對這一古老而又永恆問題的思考之中。

從此以後，每當我們到林中散步時，都會格外留意林中死去的小動物。

我乘機向他解釋世間生死之道。對一個三歲大的孩子講這種問題，我從心眼裡感到有些過分，可勒克卻聽得津津有味。

「通常人們認為：人的身體死後，還有另一部分仍然活著，那就是靈魂。雖然我們知道這是不可能的，但總有人認為那是真的，在這種情況之下，我們稱之為『懷念』。」

時光飛逝，一年半後，勒克的曾祖母去世了。按照生活習俗，要在家中對親人的遺體做殯葬準備。我們還要給老人守靈。

一時間，老人的房間裡來了許多賓客，他們紛紛前來緬懷老人家生前的快樂、幽默與和善。

我牽著勒克的手，走到他曾祖母的棺木旁，他認真地端詳了曾祖母一會兒，然後把我拽到一旁，一臉莊重地盯著我，輕聲說：「爸爸，那人不是老奶奶。老奶奶根本不在那裡面！」

「那她在哪兒呢？」我問。

「正在別的地方與人說話呢！」

「為什麼你要這樣認為呢？」

「不是認為，是我知道。」

霎時，空氣彷彿凝固了，我們互相凝視著，一動不動。

終於，他開口了：「這就是懷念嗎？」

「是的，勒克，這就是懷念。」

我懷著近乎敬畏的心情欣喜地望著兒子，我相信他剛剛弄明白一個人類最為深奧的道理。

我們懷念那些死去的人，懷念那些不在我們眼前的人，只要心存懷念，他們就會永遠活在我們的身邊。

4・哥倫布立蛋

人們常會被事物的表相所欺騙，也會被過去的經驗所束縛，因此我們必須好好考慮學習新的思維。

大航海家哥倫布發現美洲後回到英國，女王為他擺宴慶功。酒席上，許多王公大臣、名流紳士都瞧不起這個沒有爵位的人，紛紛出言相諷。

「沒什麼了不起，我出去航海，一樣會發現新大陸。」

「駕駛帆船，只要朝一個方向航行，就會有重大發現！」

「太容易了！女王不應給他這樣高的獎賞。」

這時，哥倫布從桌上拿起一顆雞蛋，笑著問大家：「各位尊貴的先生，哪位能把這個雞蛋立起來？」於是一些自以為能力超群的人物紛紛開始立那顆雞蛋，但左立右立，站著立坐著立，想盡了辦法，也立不住橢圓形的雞蛋。

「我們立不起來，你也一定立不起來！」大家把目光盯住哥倫布。

哥倫布拿起雞蛋，「叩」的一聲往桌上磕了一下，蛋殼破了一點點，雞蛋便牢牢地立在桌子上。

眾人嚷道：「這誰不會呀！這太簡單了！」

哥倫布微笑著說：「是的，這很簡單，但在這之前你們為什麼想不到呢？」

有許多事情看上去很簡單，但發現的過程卻是複雜和艱辛的。我們要善於在「司空見慣」中去發現簡單中的不簡單，尋常中的非常，混亂中的規律，你才會有與眾不同的建樹。

5・幽默的力量

幽默不但可以大事化小事，也可以解除各種生活的壓力與煩惱。因此，善用幽默的人，往往會是一個讓人喜愛的成功人士。

傑瑞是一個極富機智與幽默的警官，無論遇到什麼案件或難題，在他手上總能迎刃而解。

有一天，有三位女士為了芝麻大的小事而大吵大鬧來到警察局。她們妳一言，我一語，誰也不肯讓誰先說，呱呱哇哇幾乎把屋頂都要掀翻了，連局長都沒有辦法。這時傑瑞來說了句：「請妳們中間年紀最大的一位先說吧！」話音剛落，房間裡頓時鴉雀無聲。

某日，一男子試圖製造一件轟動全國的新聞，便爬上紐約世貿中心，往樓頂一站，假裝要跳下去的樣子。很快，樓下圍滿了人，包括警察、醫生和記者。局長和警長輪番喊著話，並試圖救險，那男人總是色厲內荏地叫著：「別過來啊！誰要是過來，我就跳下去！」僵持片刻後，傑瑞帶了一名醫生走上前，只說了一句話，那男子便默默地走下樓去。傑瑞說的是：「我不是來抓你的，是這位醫生要我來問問你，你死後，願不願意把屍體捐獻給醫院？」

在一次執勤的時候，傑瑞抓到了一個正在通緝的男扮女裝的要犯，警長問他：「罪犯男扮女裝，你怎麼認得出來？」傑瑞說：「我看他沒有女人的習慣。」警長問：「什麼習慣？」傑瑞說：「很簡單，他走過時裝店、食品店和美容院的時候，連看都沒朝裡看一眼，我就知道這裡邊有問題。」

回家的路上，傑瑞忽然看見兩個年輕的神父同騎一輛自行車在一條小路上飛馳，便將他們攔住。傑瑞說：「你們不覺得這樣的速度是很危險的嗎？」神父們說：「沒關係，天主和我們同在。」傑瑞說：「很好，這麼說我應該罰你們80美元，因為三個人是不能同騎一輛自行車的。」

星期日，在鬧市區的一個路口，有個持不同政見者正在發表演講：「如今的政治腐敗透頂了，我們應把眾議院和參議院統統燒了！」行人越聚越多，堵塞了交通，警察趕到時，秩序大亂，無從下手，傑瑞大叫一聲：「同意燒參議院的站到左邊，同意燒眾議院的站到右邊。」

只聽「唰」地一聲，人群頓時分開，道路豁然開朗。

幽默的東西往往是極具生活色彩的。生活中無論遇到什麼樣的問題，在適當時刻巧妙地運用幽默的方法，常常是事半功倍。

6．守住蘿蔔

自古以來「明哲保身」為士大夫的處事之道，好高騖遠，活在遍地謊言中者，最後終會走上失敗的道路。

有一則童話講小白兔和大灰狼。

小白兔的生活觀念很簡單、很實際：守住蘿蔔，天長地久。基於此，牠每天都忙忙碌碌，播種、耕耘、收穫、儲存，牠單純得近乎快樂。大灰狼則又懶又饞，不愛勞動，只圖享受。

有一天，大灰狼去小白兔家做客，牠淋漓盡致地描述一番嘗過的口福。小白兔涎著口水，聽得抓耳撓腮，牠這才知道，自己的歲月過得多麼單調，每天都只為了守住一顆蘿蔔。

不幸的是，冬天來了，大灰狼再也找不到食物，這時牠才由衷地渴望，即使有個蘿蔔也是好的。

其實，平凡的生活莫過於此，要麼平實，要麼熱烈。

平實的人很容易滿足，由於深層的生存危機感，就像一隻背負厚殼的蝸牛，永遠在地平線上爬行。熱烈的人卻很不容易滿足，永遠都在追逐新鮮追逐刺激追逐不枉活一世的樂趣。他像一隻蹦蹦躂躂的青蛙，永遠都在跳。

比較而言，熱烈的人大都聰明，懂得發掘潛力，走捷徑，繞彎子，但另一種復歸平實的人更聰明，只注重生命的厚實和平淡。如採菊南山下的陶潛，在厚實與平淡中，開採生活，讓生命發光發熱。

沒有神替我們蓄意安排命運，我們必須自己用腳過日子，關鍵是當我們平實的時候，種好每一棵蘿蔔；當我們熱烈的時候，把握好每一個契機；當我們退出人生拼鬥的舞臺，退休下來之際，能守護好每一個淡然的黃昏。

7．不要忽略別人的存在

在大聯盟冠軍賽中，最後A隊終於1：0打敗了對方而封王，這時有記者訪問勝利投手，投手說了一句發人深省的話：「我們的勝利是因為有全體的守備力量所造成的。」

狗和馬一起替農夫幹活。

有一天，他們開始討論彼此的功績。

「我們狗真偉大啊！」狗很高調地說：「要是他們把你趕出農莊，我才不覺得惋惜呢！耕田、拖車，固然是高尚的活兒，可我從未聽說過你還有其他功績。你怎能跟我相比呢？我白天黑夜都不休息。白天我在牧場保護牲口，黑夜裡我看守主人家的門戶。」

「一點不錯，」馬回答說：「你說得很對。不過你要記住，如果沒有我耕田，你在這兒就沒有什麼可看守的了。」

在評論功績時，人們往往有歸功自我的傾向。在看到自己功績的同時，別忘了還有別人的協力與幫助。

8．陰溝裡翻船

明明是可以跨越過的河流，往往卻會因為自己驕氣所產生的粗心大意而慘遭滅頂，在競爭的人際之中就是不能低估對手的實力。

幾年前，有這樣一位高爾夫球職業選手，他是一個自負的、極端的個人主義者，而理性卻跟六歲大的孩子差不多。他好像從來都沒有錯，總要找到原因來為自己辯解：這場比賽很糟糕，其他選手都是騙子，或者怪天氣等等。好像這些過錯對他來說，全都沒有什麼了不起的。

他對每年在各大城市舉行的業餘高爾夫球比賽，五十美元一個洞不感興趣，不想為此奔波去獲得一些外快。

有一天，一個戴墨鏡，手拿高爾夫球桿的人找到他，願意一百美元一個洞跟他玩一場。

「喔，我不能跟你玩，」這個職業選手說：「你不是一個瞎子嗎？」

「是的，」那個人回答道：「可是，我在瞎之前，曾是一個州級冠軍，我想我能打敗你。」這個職業選手心想，這傢伙真要瘋了似的向他挑戰，他就顧不了瞎子不瞎子了。

「真的一百美元一個洞？」

瞎子點頭。

「好吧，就這麼定了。但別怪我沒有事先警告你——你準要輸的。你想什麼時候比賽？」

「無論哪天都行，」瞎子回答道：「只要是在晚上！」

人如果有了貪欲，就是有了弱點。有了弱點，就有可能輸掉本來有利的形勢。高估自己，低估別人，往往是種下「兵敗」原因之所在。

9．最後的選擇

只要是正確的，「堅持」往往是最好的選擇，也是最後的選擇。

英國首相邱吉爾是一個非常有名的演講家，他生命的最後一場演講是在一所大學的結業典禮上，那次演講的全過程大概持續了二十分鐘，但是在那二十分鐘內，他只講了兩句話，而且是相同的——

堅持到底，永不放棄；堅持到底，永不放棄！

這場演講是成功演講史上的經典之作。

邱吉爾用他一生的成功經驗告訴人們：成功根本沒有什麼祕訣可言，如果真是有的話，就是兩個：第一個就是堅持到底，永不放棄；第二個就是當你想放棄的時候，回過頭來看看第一個祕訣：堅持到底，永不放棄。

在成功的道路上要具有敏銳的目光、果斷的行動和毅力。用你敏銳的目光去發現機遇，用你果斷的行動去抓住機遇。最後還要用你堅持的毅力才能把機遇變成真正的成功。

人生有兩杯水，一杯是苦水，一杯是甜水，只不過每個人喝甜水和喝苦水的順序不同，成功者都是先喝苦水，再喝甜水，一般人都是先喝甜水，再喝苦水，堅持的毅力非常重要，面對挫折時，要告訴自己：要堅持，再來一次。因為這一次的失敗已經過去，下次才是成功的開始。

人生的過程也是一樣的，跌倒了，爬起來。只是成功者跌倒的次數比爬起來的次數要少一次，平庸者跌倒的次數比爬起來的次數多了一次而已，最後一次爬起來的人我們就稱之為「成功」，最後一次爬不起來，不願爬起來，喪失堅持的毅力的人就叫「失敗」。

10・命運之手

在人生困頓的時候，有些人常常會懷疑自己的信仰，埋怨自己心中的神，卻不去探討——「一切操之在我」的哲理。

一個禪師經常和眾人談到「命運」這個詞，一個忠實的聽眾一直堅信著「命運」的說法，所以他每天都在盼望著生命會發生奇蹟。他想，既然有命運，那麼一切都由命運來安排吧。然而，年復一年，他的生活一直是平庸的，沒有輝煌和光明，只有灰暗和貧困。他想，難道是自己的命運注定如此嗎？

帶著疑問，他去拜訪禪師，他問禪師：「您說真的有命運嗎？」

「有的。」禪師回答。

「但我的命運在哪裡？是不是我的命運就是黯淡和貧窮呢？」他問。

禪師就讓他伸出他的左手指給他看說：「你看清楚了嗎？這條橫線叫做愛情線，這條斜線叫做事業線，另外一條豎線就是生命線。」

然後禪師又讓他跟自己做一個動作，他的手慢慢地握起來，握得緊緊的。

禪師問：「你說這幾根線在哪裡？」

那人迷惑地說：「在我的手裡啊！」

「命運呢？」

那人終於恍然大悟，原來命運是在自己的手裡，而不是在別人的嘴裡。

朋友們，你是否也常常徬徨無助，其實每個人都會有迷惘的時候，心情亂了，可洗個臉，拿一本書來看，讓自己沈澱下來，覓尋智慧靈光……

那人徹悟之後，決心用自己的行動去改變自己的命運，在他努力奮鬥的過程中，他遇到了很多的挫折和困難，每當這個時候，他就會想起禪師的話，命運在自己的手裡，而不是在別人的嘴裡，於是他就會暗暗地把手握起來，每當把手握起來的時候，他就發現自己好像找到了動力和信心。

11・生命中的潛能

生命中隱藏著許多不可思議的潛能，所以你不必老是害怕未知的困難，因為屆時神會給你足夠的力量。

有一個人姓張，膽子很大，人稱「張大膽」。他經常走夜路，有一天他出去辦事，回來已是半夜了，他深一腳淺一腳的往家走。

在路上，他經過一片墳地，其實，這片墳地是他經常走過的，路線很熟，從沒有發生過什麼事，並不感到害怕。

張大膽照著平日的習慣走過墳場，沒想到那天恰好有人在路上挖了一個墓穴。他以為還是原來的路呢！也沒有注意，一腳踩空，掉進了墓穴，他想爬出去，但是墓穴實在太深了，他試了好多種辦法，最後只是累得筋疲力竭，也沒能爬出去。

張大膽心裡想，反正也爬不出去了，就在這裡睡覺也好，等到明天早上再向路人求救好了。

於是他安安穩穩地躺在那裡休息，誰知睡了一會兒，有一個喝醉酒了的人從這裡經過，也不小心掉進了這個墓穴。

那個人拼命的想要爬出去，結果和他一樣，無濟於事。醉漢非常著急，正想著要用什麼辦法逃出這個墓穴呢？

睡在墓穴裡的張大膽拉了一下他的衣襟說：「先生，我勸你省點力氣吧。你是不可能從這裡爬出去的……」

話還沒說完，醉漢卻以為遇到了鬼，一下就爬了出去！

每個人其實都隱藏著巨大的潛力，但是這種潛力不容易被人激發出來，卻被我們埋藏在心裡，甚至一生一世都不可能發揮出來。而一旦這種潛力發揮出來了，我們就可能戰勝許多不能想像的困難。

12．播下愛的種子

只要誠心誠意地付出，終有一天你會得到善的回報。

在一個星期六的下午，母親堅持讓我穿戴齊整去見她的男友，原來他曾向她求婚，且已見過我的弟弟。

「您好，科漢先生，」我問候時有點心慌意亂。「妳好，蘇姍。」對方是個捲髮的中年男子，不過在他和我握手時也有些害羞。

他和母親婚後的很長一段時間裡，我不知該如何稱呼他才好，他可以叫我蘇姍，不必喚我「女兒」，但我直接喊他名字不妥，叫爸爸又叫不出口。他看上去很和藹，不過他該知道，儘管我們已故的親生父親是個冷漠自私的人，但在我們的印象中，他對我們姊弟倆還是很好的。

科漢先生雖不必與先父競爭，可他必須與我們頭腦裡有關慈父的幻想競爭：他該充滿愛意、慷慨大度、聰明能幹又高大英俊。而且最重要的是，一個完美的父親應該把自己的孩子也看成是完美的。

我們一家四口住在一起的第一年裡，科漢先生花很多時間幹各種各樣的修活，我想他是為了給新家打下一個堅實的基礎。這時我進入了青春期，變得獨斷專行、難以管束，一向與我親密無間的母親老跟我過不去，她大喊大叫：「為什麼妳不規矩點？」「妳老是使我失望！」我一氣之下跑出屋子，我得找人談談。

在地下室裡，我見到了科漢先生。他正像模像樣地將一塊木板刨光，然後用砂紙細心地打磨。他遞給我一張砂紙，讓我幫著一起做，我卻抱怨著母親：「她真是不可思議，老是為小事情咆哮不已，我所做的每件事都必須使她滿意才是！」他仍專心於他的活計。

我本來希望他會站在我這一邊，可他緩緩說道：「妳媽媽這樣做是為了使妳好上加好，這對妳來說該不會太難吧？我一直把妳看得與眾不同。」

那年冬天，「小工廠」成了我青春期煩惱得以疏泄和安慰的地方。科漢先生並不幫我解決難題，而是鼓勵我自己找出問題的解決辦法。我所需要的，也正是他給予我的，是理解的氛圍。

有一次他告訴我：「妳和妳母親有許多共同點，妳倆都生氣勃勃、意志堅強，所以有時不能相互容忍，可那正是我喜歡妳倆的原因。」

他常常把令人驚異的小禮物帶回家。在飯桌上，他傾聽我們在田徑場上的勝利和傻乎乎的笑話。

十三歲那年，我第一次走進一家男士用品商店，花了我兩個月的零用錢和替他人照看小孩的工錢，買了一瓶刮鬍香水，並挑了藍色緞帶包裝。

第二天早上我把它送給科漢先生做為父親節的禮物。他立即在臉上噴灑一番：「非常感謝，」他說：「我很喜愛。」他擁抱了我並親吻我的臉頰。

「不客氣。父親節快樂，爸爸。」我脫口而出，我看見了他的微笑，他聽見我喊他父親了。

星移斗轉，爸爸把我和弟弟送到大學念書，後來又參加了我們的婚禮。在他七十九歲去世以前，他與我們及我們的孩子——他的孫輩們分享愛和美好時光。他帶著孫兒們散步，教他們使用工具和釣魚，就像教我們那樣。

一個原來本不相識的男人在選擇我母親的同時，也選擇了我和弟弟。是他的選擇重組了一個幸福的家庭，而他則成了我終生難忘的慈父。

要贏得別人的愛，首先自己要付出愛，不經意間流露的愛會更加的自然、更加的美好。

13・我要向您買一小時

有些父母親老是埋怨小孩不懂事，本身做牛做馬還不是為了下一代，然而，他們往往忽略了與孩子相處，親情之愛並不是金錢可以取代的。

一位爸爸下班回到家很晚了，很累並有點煩，發現他五歲的兒子靠在門旁等他。「我可以問您一個問題嗎？」

「什麼問題？」

「爸，您一小時可以賺多少錢？」

「這與你無關，你為什麼問這個問題？」父親生氣地說。

「我只是想知道，請告訴我，您一小時賺多少錢？」小孩哀求。

「假如你一定要知道的話，我一小時賺20美元。」

「喔，」小孩低下了頭，接著又說：「爸，可以借我10美元嗎？」

父親發怒了：「如果你問這問題只是要借錢去買毫無意義的玩具的話，給我回到你的房間並上床，好好想想為什麼你會那麼自私。我每天長時間辛苦工作著，沒時間和你玩小孩子的遊戲。」

小孩安靜地回自己房間並關上門。

父親坐下來還在生氣。約一小時後，他平靜下來了，開始想著他可能對孩子太兇了——或許孩子真的很想買什麼東西，再說他平時很少要過錢。

父親走進小孩的房間，說：「你睡了嗎？孩子。」

「還沒，我還醒著。」小孩回答。

「我剛剛可能對你太兇了，」父親說：「我將今天的氣都爆發出來了——這是你要的10美元。」

「爸，謝謝您。」小孩歡叫著，從枕頭下拿出一些被弄皺的小額鈔票，慢慢地數著。

「為什麼你已經有錢了，還要？」父親生氣地說。

「因為這之前不夠，但我現在足夠了。」小孩天真地回答，「爸，我現在有20美元了，我可以向您買一個小時的時間嗎？明天請早一點回家——我想和您一起吃晚餐。」

將這個故事與你所喜歡的人分享，但更重要的是與你所愛的人分享這價值20美元的時間——這只是提醒辛苦工作的各位，我們應該花一點時間來陪那些在乎我們、關心我們的人，而不讓時間從指縫間溜走。

國家圖書館出版品預行編目資料

只有傻瓜才會認為自己很聰明／林郁 著　初版，
新北市，新視野 New Vision，2025.02
面；　公分 --
ISBN 978-626-7610-02-2（平裝）
1.CST：自我實現　2.CST：成功法

177.2　　113018302

只有傻瓜才會認為自己很聰明
林郁　著

主　編　林郁
出　版　新視野 New Vision
製　作　新潮社文化事業有限公司
電話 02-8666-5711
傳真 02-8666-5833
E-mail：service@xcsbook.com.tw

總 經 銷　聯合發行股份有限公司
新北市新店區寶橋路 235 巷 6 弄 6 號 2F
電話 02-2917-8022
傳真 02-2915-6275

印前作業　東豪印刷事業有限公司
印刷作業　福霖印刷有限公司

初　版　2025 年 06 月